Beltz Taschenbuch 80

Über dieses Buch:
Inspiriert von den Landerziehungsheimen von Hermann Lietz und den Hamburger Lebensgemeinschaftsschulen entwickelte Peter Petersen den Jena-Plan und stellte ihn 1927 bei einer Tagung des »Weltbundes für Erneuerung und Erziehung« in Locarno vor. Darin verwarf er vor allem vier Schulmerkmale als kinder- und lernfeindlich: Die Jahrgangsklasse wurde zur altersgemischten »Stammgruppe«, der »Fächerfetzenstundenplan« zu einem nach pädagogischen Gesichtspunkten gestalteten »Wochenarbeitsplan«, die Vorherrschaft des lehrerzentrierten Unterrichts abgelöst durch ein gruppenunterrichtliches Arbeitsverfahren mit ausgewogenem Kern-Kurs-Prinzip, den Schülern wurde Raum und Zeit für Selbsttätigkeit und eigenverantwortliches Arbeiten gegeben, aus dem kahlen Klassenraum wurde eine das Lernen anregende »Schulwohnstube«. Gespräch, Spiel, Arbeit und Feier kamen gleichermaßen zu ihrem Recht und sorgten dafür, dass aus dem künstlichen Gebilde Schule ein lebendiges »Haus des Lernens« wurde.

Der Autor:
Peter Petersen (1884–1952), Pädagoge und Schulreformer, arbeitete von 1920 bis 1923 an der Lichtwarkschule in Hamburg und war ihr erster Schulleiter. Von 1924 bis 1952 war er Professor in Jena und Leiter der Jenaer »Erziehungswissenschaftlichen Anstalt«, an der er die »pädagogische Tatsachenforschung« und sein schulpädagogisches Konzept für die Reform des Schulwesens, den Jena-Plan, entwickelte. Mit seiner Betonung der Lebensgemeinschaftsschule und Gruppenpädagogik war er Wegbereiter einer äußeren und inneren Schulreform.

Peter Petersen

Der Kleine Jena-Plan

einer freien allgemeinen Volksschule

BELTZ
Taschenbuch

Die Abbildungen auf dem Umschlag stammen aus der Jena-Plan-Schule in Jena.

Die vorliegende Ausgabe beruht auf der von Peter Petersen handkorrigierten 15.–17. Auflage von 1949.

Besuchen Sie uns im Internet:
www.beltz.de

Beltz Taschenbuch 80
63. Auflage 2007

62., neu durchgesehene Auflage
unter Mitarbeit von Tilman Petersen
Umschlaggestaltung: Federico Luci, Odenthal

Satz: WMTP, Birkenau
Druck und Bindung: Druck Partner Rübelmann, Hemsbach
Printed in Germany

ISBN 978-3-407-22080-6

Peter Petersen, Jena, 1925

Auflagenfolge des »Kleinen Jena-Plans«

1. Auflage: Der Jena-Plan einer freien allgemeinen Volksschule	Langensalza: Beltz 1927
2., erweiterte Auflage	Langensalza: Beltz 1929
3., neu durchgesehene und vielfach erweiterte Auflage	Langensalza: Beltz 1932
4., unveränderte Auflage	Langensalza: Beltz 1932
5./6., neu durchgesehene und erweiterte Auflage (Zusatz: Kleine Ausgabe)	Langensalza: Beltz 1933/34
7./8., neu durchgesehene Auflage	Langensalza: Beltz 1936
9.–12. Auflage: Der Kleine Jena-Plan. Neu durchgesehene und erweiterte Auflage (Ost-Ausgabe)	Langensalza: Beltz 1946
13./14. Auflage (West-Ausgabe)	Langensalza: Beltz 1946
15.–17. Auflage (irrtümlich als 13. bis 17. Auflage 1949 bezeichnet)	Braunschweig: Westermann 1949
18.–20. Auflage	Braunschweig: Westermann 1951
21./22. Auflage	Braunschweig: Westermann 1952
23./24. Auflage	Braunschweig: Westermann 1954
25./26. Auflage	Braunschweig: Westermann 1955
27. Auflage	Braunschweig: Westermann 1957
28./29. Auflage	Braunschweig: Westermann 1959
30./31. Auflage	Braunschweig: Westermann 1961
32.–36. Auflage	Braunschweig: Westermann 1962
37.–41. Auflage	Braunschweig: Westermann 1963
42.–46. Auflage	Weinheim: Beltz 1965
47.–51. Auflage	Weinheim: Beltz 1968
52./53. Auflage	Weinheim: Beltz 1972
54./55. Auflage	Weinheim: Beltz 1974
56.–60. Auflage	Weinheim: Beltz 1980
61. Auflage (Neuausgabe)	Weinheim: Beltz 1996
62., neu durchgesehene Auflage auf der Grundlage der letzten handschriftlichen Korrekturen des Verfassers an der 15.–17. Auflage 1949	Weinheim: Beltz 2001

Der Jena-Plan einer freien allgemeinen Volksschule

*

Peter Petersen

o. ö. Prof. der Erziehungswissenschaft an der Universität Jena.

*

Verlag von Julius Beltz in Langensalza

Titelblatt der ersten Auflage von 1927

Inhaltsübersicht

* Peter Petersen kürzte in seiner letzten Korrektur den Titel. Er lautete »Eine Schule ›volkhafter Bildung‹ (Hördt). Die vier Urformen des Lernens und Sich-Bildens«.

** korrigiert und aktualisiert zur 62. Auflage 2001

Vorwort des Verfassers zur ersten Auflage (1927)

Seit einem Monat gibt es einen »Jena-Plan«. Ich mache die Damen Miß Clare Soper und Miß Dorothy Matthews-London für die Namengebung haftbar; denn sie haben ihn aufgebracht und für die Arbeitsgemeinschaften der »IV. Internationalen Konferenz des Arbeitskreises für Erneuerung der Erziehung« geprägt. Mich aber haben sie damit genötigt, einen kurzen Abriß der Grundgedanken in der Versuchsarbeit an der Jenaer Universitätsschule zu geben als Unterlage für die Behandlung und Kritik in den Studiengruppen zu Locarno August 1927. Frühestens zum Herbst des nächsten Jahres war beabsichtigt, mit einer eingehenden, auch die neuen Ergebnisse reichlich belegenden Gesamtdarstellung vor die pädagogische Welt zu treten, und es muß auch freundlichst jeder Leser gebeten werden, von dieser Skizze, die inmitten der sich drängenden Aufgaben am Schlusse eines Semesters entworfen wurde, nur Andeutungen zu erwarten. Vieles ist nur schlagwortartig gesagt, ist nur Überschrift einer Vorlesung, eines Kapitels oder ein paar Kernsätze aus solchen. Es fehlt die Kennzeichnung aller Anregungen und Abhängigkeiten im wünschenswerten Grade, desgleichen nötige Literaturangaben. Die Darstellung ergänzen einige Aufsätze und Schilderungen des Schullebens wie: Ada Weinel, Aus dem Leben einer Jenaer Schule, Kindergarten 1926; G. Sieveking, Die erziehungswissenschaftliche Anstalt und ihre Schule, im »Werdenden Zeitalter« V. 1926, Heft 4; und »Pour L'Êre Nouvelle«, Sept.

1926; Ad. Ferrière, Die Schule der Selbstbetätigung, Weimar, 1927, S. 281–285; die dänische Zeitschrift »Hjem og Skole« 1927, enthält eine längere Schilderung auf Grund eigenen Studiums von der in den nordischen Ländern wohl bekannten Seminarvorsteherin Rektor Theodora Lang-Silkeborg, »Indtryk fra Jena Universitets-Oevelsesskole«.

In den Aufgabenkreis Neuer Erziehung, wie er sich in der Versuchsschule zu Jena entwickelte, führten bislang drei »Pädagogische Wochen« ein, denen viel wertvolle Kritik und Anregung verdankt wird. Die Schulform ist trotz mancher Mängel, an deren Abstellung wir täglich arbeiten, immerhin soweit gefestigt, daß nun auch zum Wintersemester 27/28 das Schulpraktikum wieder aufgenommen werden kann, das mein Vorgänger, Herr Prof. Wilhelm *Rein*, mit so großem Erfolg im Rahmen seiner Übungsschule leitete und das ständig von so vielen Seiten, in Universität wie Volksbildungsministerium, von dieser Schule wieder erwartet wird. Es wird demnach in einer für diese neue Schulform geeigneten Gestalt nun wieder bestehen und damit die enge Verbindung von Theorie und Praxis, die meinem Lehrstuhl für Erziehungswissenschaft seit den Tagen *Stoys* eigen war, auch vor der pädagogischen Öffentlichkeit, insonderheit der akademischen Welt noch deutlicher als bisher aufzeigen.

Zum Schlusse verweise ich auf die erste Veröffentlichung aus der Arbeit an der Jenaer Universitätsschule: Petersen/Wolff, Eine Grundschule nach den Grundsätzen der Arbeits- und Lebensgemeinschaftsschule, Weimar 1925, die u.a. den Jahresbericht 1924/25 wiedergibt, nach Tagen und Wochen das Werden und Wachsen, Erfolg wie Mißerfolg schildernd, sowie für die allgemeine Begründung auf meine »Allgemeine Erziehungswissenschaft«, Berlin, 1924, und »Die Neueuropäische Erziehungsbewegung«, Weimar, 1926. Zur neuen Unterrichts- und Erziehungslehre enthält erste Beiträge Petersen, Innere Schulreform und Neue Erziehung, 1925, bes. S. 230ff: Neues Schulleben. Diese Schriften mögen als Ergänzung der knappen Darstellung auf den folgenden Seiten demjenigen gelten, der sich weiterhin mit dem »Jena-Plan« auseinandersetzen will.

Ich darf aber nicht abschließen, ohne meinen Mitarbeitern innigst zu danken für all das, was sie an Kraft und Begeisterung in diese neue Schularbeit hineingelegt haben, und für die Gesinnung, mit der sie sie mitheraufgetragen haben und in Treue fortführen.

Jena, den 31. Juli 1927 Petersen

Vorwort*

Dieser sogenannte »Kleine Jena-Plan« dient zur Einführung in den »Großen Jena-Plan«, der sich wie folgt aufbaut:

Jena-Plan I: Schulleben und Unterricht einer freien allgemeinen Volksschule, 1930, 2. Auflage i.V.
Jena-Plan II: Das gestaltende Schaffen, 1930, 2. Auflage i.V.
Jena-Plan III: Die Praxis der Schulen nach dem Jena-Plan, 1934, 2. Auflage i.V.
Jena-Plan IV: Jena-Plan-Schulen nach 1945, i.V.

Die ihm entsprechende allgemeine Lehre von der Unterrichtsführung enthält das Werk:

Führungslehre des Unterrichts, 1936, 2. Auflage 1950.
Von der Lehrprobe zur pädagogischen Tatsachenforschung, 1950.

Die erziehungswissenschaftliche Grundlegung findet sich in:

Allgemeine Erziehungswissenschaft I, 1924
Ursprung der Pädagogik (Allgemeine Erziehungswissenschaft II), 1931

* Diesen Teil plante Peter Petersen als »Vorwort« für die 18.–20. Auflage 1951. Die in Vorbereitung (i.V.) befindlichen Auflagen, sowie Jena-Plan IV sind nicht mehr verwirklicht worden. Ab der 25./26. Auflage 1955 erschienen die Literaturangaben unter dem Titel »Hinweis«.

Mensch und Erziehungswirklichkeit, i.E. 1950
Philosophie, Weltanschauung und Wissenschaft im Urteil der Erziehungswissenschaft, 2. Auflage 1950 i.E.
Pädagogik der Gegenwart, 1932, 3. Auflage i.E.

Vgl. die Inhaltsübersichten der hier genannten Schriften S. 123ff.

I. Die allgemeinen erziehungswissenschaftlichen und pädagogischen Grundlagen

Aufgabe

Den Anstoß zum Versuch, die überlieferte Schulwirklichkeit innerlich so umzugestalten, daß sie erzieherische Funktionen wahrhaft entfalten könne, gab der Besuch des Landerziehungsheims am Ammersee, Herbst 1912, und für die Durchführung des Jena-Plans im besonderen das Studium deutscher Landerziehungsheime in den Jahren um 1922.[1] Hinzu kamen die mehrjährigen eigenen praktischen Erfahrungen, Beobachtungen und Aussprachen im Kreise der Lehrerschaft an den Hamburger Lebensgemeinschaftsschulen, die allesamt grundlegende Bedeutung für mich gewonnen haben. Dabei wurde immer festgehalten an der besonderen Aufgabe der Schule in unserer Kultur, Kenntnisse und Fertigkeiten zur Selbstbehauptung und zur Mitbeherrschung der Zivilisation zu übermitteln, angepaßt an die eigentümliche volkliche soziale Arbeitswelt. Somit sollte die alte überlieferte Aufgabe in einer tragbaren, vor der Erziehungsidee zu verantwortenden Form zugleich übernommen werden, und die dem Versuch zugrunde liegende Frage wurde also:

> »Wie muß diejenige Erziehungsgemeinschaft gestaltet werden, in welcher sich ein Menschenkind die beste Bildung er-

1 Vgl. als ein Ergebnis dieser Studien meinen Aufsatz über: »Die Stellung des Landerziehungsheims im deutschen Erziehungswesen des 20. Jahrhunderts« in der Schrift von Elisabeth Huguenin: Die Odenwaldschule. Weimar 1926, S. V–XLIX.

> werben kann, d.h. eine Bildung, die seinem, in ihm angelegten und treibenden Bildungsdrange angemessen ist, die ihm innerhalb dieser Gemeinschaft vermittelt wird und die es reicher, wertvoller zur größeren Gemeinschaft zurückführt und dieser als tätiges Glied wiederum übergibt? Oder kürzer: Wie soll die Erziehungsgemeinschaft beschaffen sein, in der und durch die ein Mensch seine Individualität zur Persönlichkeit vollenden kann?«[2]

Das hieß: nach dem das Ganze eines Schullebens bestimmenden Ethos fragen und untersuchen, mit welchen Mitteln, möglichst auch lehrbaren und überlieferungsfähigen, an der Aufgabe gearbeitet werden kann, um dieses Ethos wirksam zu machen und zu erhalten. Die theoretische Untersuchung im Rahmen des ersten Bandes meiner »Allgemeinen Erziehungswissenschaft« erwies das Ethos der sozial-wirtschaftlichen, staatlichen und kirchlichen Sphären als unzureichend, ja oft eher der erzieherischen Idee entgegen als ihre Stütze, und sie gelangte zur Forderung einer »freien, allgemeinen Volksschule«[3], getragen von der Elternschaft und den Erziehern, diese in einer »Gilde der Erzieher« einmütig zusammengeschlossen, beide aber aufs innigste vereint und einander verbunden durch die Idee der Erziehung. Das erweckte die bescheidenere Hoffnung, aus der überlieferten Schule als einem »vom Staat belebten Anstaltskörper« und deswegen einer unselbständigen und unlebendigen Form, zum mindesten einen »durch sich selbst lebendigen genossenschaftlichen Organismus« (O. von Gierke) zu entwickeln, und ließ der höheren Hoffnung Raum, daß unter besonders glücklichen Bedingungen schon heute, wenigstens aber wenn aus der Staatsschule im Laufe von ein paar Generationen wirklich eine Volksschule, vom Volke gewollt und getragen, geworden wäre, die

2 Allgemeine Erziehungswissenschaft, Berlin 1924, I S. 107.

3 A.a.O. § 9: Volk.

Schulen allgemein echte Lebensstätten der Jugend werden würden.

Diese Forderung ward entwickelt unter schärfster Ablehnung der liberalen Staatsauffassung und des Individualismus, in der Erwartung, daß eine deutsche Selbstbesinnung den Weg zu einem echten Volksstaate bahnen werde.[4]

Verhältnis zu Staat und Gesellschaft

Es soll eine »Schulgemeinde« gebildet werden, in die der Schulunterricht sich immer als das Zweite einordnet. Die Schulgemeindeidee muß daher innerste Überzeugung der Erzieherschaft werden. Sie muß nun »von unten her« wachsen.

Schülerparlamente und Schülergerichte wären nichts diese Schule Bezeichnendes. Denn die bisherige Erfahrung in echten deutschen »Lebensgemeinschaftsschulen« hat es erhärtet, daß jene Einrichtungen von den Schülern eher abgelehnt werden als bei ihnen beliebt sind. Dagegen wird von Lehrern und Kindern innerhalb der *wahren* Schulgemeinde das Recht »geschöpft«, im Sinne und in der Form der um ihre Führer gescharten Rechtsgemeinde Freier. In Jena-Plan-Schulen zeigte sich überall, wie in der Wiener Versuchsarbeit: »Kinder haben keinen Sinn für kodifiziertes Recht« (Burger/Steiskal). In *diesen* Schulen waren Parlamentarismus und formale Demokratie schon nach kurzer Zeit verschwunden.

Die Schulgemeinde nimmt also ihren Anfang innerhalb des vom Staate ihr gesteckten Rahmens, erwartet darum auch keinerlei Sonderaufwendungen. Sie dient dem Staat, insofern er als die oberste Einheitsveranstaltung der Volksgesellschaft den Rahmen der Schule begrenzt, schützt, unterhält und verwaltet und

4 Siehe meine »Neueuropäische Erziehungsbewegung«, 1926, S. 37, Innere Schulreform und Neue Erziehung, 1925, S. 305ff.

die nationalen Belange durchsetzen will. Sie folgt den »Richtlinien« für die Unterrichtsarbeit als pädagogischen Richtlinien für zeitgemäße, lebendig bewegte Volksschularbeit. Das alles heißt: sie kennt fortan innerhalb ihres Ringes keinerlei »Kampf um die Schule« mehr durch weltliche Mächte wie Staat, Kirche, Sekten, parteipolitische oder andere Weltanschauungen. Die weltanschaulichen Belange derjenigen Eltern, welche ihre Kinder der Schule zuführen, werden von Erzieherschaft und Elternschaft dieser Schule gemeinsam so geordnet, daß die pädagogische Einsicht und der pädagogische Verantwortungswille der Erzieher diesen Kindern und diesen Eltern gegenüber sich behaupten. Praktisch bedeutet das ein kaum je aussetzendes Ringen der Erzieher mit der Elternschaft um die Reinhaltung der Erziehungsidee. Ja, dieser Kampf ist ein im hohen Grade Belebendes, solange er in den Formen des Anstandes und in dem aufrichtigen Bemühen beider Teile, nur dem Wohle der Kinder zu dienen, geführt wird.

Die echte *Schulgemeinde* will also in dem vom Staate abgesteckten Rahmen für planvolle Einwirkung beruflich ausgebildeter Erzieher auf die noch nicht reife Generation ein Zusammenleben und eine Arbeitswelt darstellen, in denen sich die Erziehungsfunktion so rein wie nur irgend möglich auswirkt und alle Verhältnisse bestimmt, vor allen Dingen auch den Unterricht. Am reinsten wird das dort möglich sein, wo Eltern und Erzieher auch weltanschaulich eins sind.

Erziehung und Erziehungskunst

Unter Erziehung wird hier nicht zuerst die Summe der von Menschen erdachten und ausgeübten Maßnahmen der Erziehungs*kunst* verstanden, sondern jene alle Wirklichkeit durchwaltende Funktion, welche das vollbringt, was wir am Menschen die Vergeistigung, die Humanisierung, sein persönliches

Leben, die Persönlichkeit nennen. Erziehung ist in diesem Sinne ebenso eine Tatsache wie das Leben und im Wesensgrunde genau so unerklärlich. Wie aber die beste Lebensführung, auch die beste ärztliche Unterstützung des Lebens, diejenige ist, welche im Einklang mit den Naturgesetzen des Lebens bleibt, so muß sich auch alle Erziehungskunst jener kosmischen Funktion der Erziehung einzuordnen suchen. Wie es eine innere Selbststeuerung des Lebens gibt, eine Selbstregelung des Organismus auf seinen Sinn hin, so auch eine der persönlich-geistigen Entwicklung. Die inneren Ursachen kennen wir auf keiner Seite; es werden nur Ursachenzusammenhänge vermutet, Hypothesen und Hilfsbegriffe verwendet. Leben wie Erziehung sind nicht in ihrem Wesen letztlich zu erfassen, sondern nur in ihren Erscheinungen einigermaßen zu erklären und in wissenschaftlicher Metaphysik zu deuten, zu »verstehen«.[5]

Gemeinschaft und Gesellschaft

Wo wir es mit Erziehungswirklichkeit zu tun haben, dort ist ihre Erscheinungsform stets die der »tätigen Gemeinschaft«, keine Sozialform, kein Gebilde der Gesellschaft. Darum wird auch eine Gemeinschaftspädagogik der volle Gegensatz zu einer Sozialpädagogik so gut wie zu einer Individualpädagogik. Und zwar liegt der Gegensatz zur Gesellschaft in der Formstruktur, dem Inhalt und dem Ziel einer Gemeinschaft. Da die überlieferte Schule nur Sozialform ist, und da es deren Aufgaben in der neuen Schulgemeinde mit zu erfüllen gilt, so kommt es für die praktische Neuarbeit alles darauf an, diesen Unterschied klar herauszustellen, um für die Arbeit im Schulleben deutliche und feste Richtlinien zu besitzen. Die Idee der Gemeinschaft wird

5 Vgl. auch zu allem Folgenden meine systematischen Schriften: »Der Ursprung der Pädagogik«, Berlin 1931, und »Pädagogik«, Berlin 1932, 2. Aufl. 1937.

oberste, alles Geschehen innerhalb der Schulgemeinde letzthin normierende Idee. Was heißt das?

Aufbau der Gemeinschaftsgruppe

Jede Sozialform (nur die Formen der Geselligkeit sind ausgenommen, als gewissermaßen Mischformen von Gesellschaft und Gemeinschaft) untersteht äußerem Zwang, der sich irgendwie aus der die Menschen zusammenführenden gemeinsamen Lebensnot, dem Lebenskampfe und der Lebensfürsorge, herleitet, und gewinnt daher eine straffe, geschlossene Organisation. Eine »*Gesellschaft*« bedarf dieser Geschlossenheit, weil sie ein Kampfverband ist, den die Not des Lebens erzeugte und solange zusammenhält, als er für ihre Bekämpfung geeignet ist. Inhaltlich hat sie es deswegen auch stets mit Machtinteressen zu tun, ihr nächstes Ziel ist die Befriedigung des praktischen Bedürfnisses, um dessentwillen diese Sozialform gebildet wurde. Ein höheres Ziel kennt sie nicht, da sie in keiner Weise Selbstzweck ist, sondern verfallen und ersetzt werden muß, sobald sie dem Bedürfnis, das sie entstehen ließ, nicht mehr entsprechend dient.

Eine »*Gemeinschaft*« zeigt eine ganz anders freie Dynamik ihrer Innenstruktur. Die von ihr umschlossenen Einzelmenschen ordnen sich in voller Freiheit um eines Geistigen willen ihr ein oder einer geistigen Idee unter. Diese geistige Idee wird dann durch Führer repräsentiert, um die sich jene Menschen wie eine Art Gefolge freiwillig scharen. Darum gibt es nun auch hier keinerlei soziale Rangordnung; denn der Geist treibt nicht in Menschen, weil sie besonderen »Klassen«, »Parteien«, »Geschlechtern«, »Nationen«, »Stämmen« usf. angehören, sondern schlechthin in Menschen, und er verleiht die Gnadengabe der Führung, ohne sich um soziale Ordnungen zu kümmern, die ihm gegenüber stets Gebilde zweiter Ordnung sind. Die Handlung, die Gesinnung eines Menschen ist niemals deswegen mehr gut, weil er auf einer, wie man sagt, sozial höheren Rangstufe steht, und wenn es heißt, daß Adel verpflichtet, so wird damit nur das Volksempfinden ausgedrückt, daß Menschen, die, gesellschaftlich geurteilt, sich auf der angenehmeren Seite des Lebens befinden, ohne Verdienst, dafür ihre Lebensführung und Gesinnung einer besonderen Zucht unterwerfen sollten. Es ist aber von grundsätzlicher Bedeutung, darum zu wissen, daß zur Harmonie persönlichen Lebens wie zum Leben in reiner Gesinnung und edlem Tathandeln *jeder* gelangen kann, ganz gleich welchen Standes und welcher Intelligenzhöhe. Denn von niemandem wird mehr verlangt, als daß er im Rahmen seiner Individualität die Eigenart seines persönlichen Lebens unverfälscht und rein offenbare und zum Ausgleich *seiner* Kräfte gelange.

Innerhalb jenes Gefolges treten neben dem Führer immer deutlich zwei Typen heraus: die Aktiven, welche als tätige Jünger der Idee diese ergreifen und an ihr arbeiten, und die mehr oder weniger nur Aufnehmenden. Allein es besteht kein vollkommen festes Gefüge, sondern eine freiere Dynamik des Zusammenstehens um die Idee. Unaufhörlich findet eine innere Kräfteverschiebung statt wie in einem lebendigen Organismus. Inhaltlich handelt es sich stets um ein Geistiges, das es zu erhalten, weiterzugeben und vor allem *neu* zu schaffen gilt durch neue Schauungen, Offenbarungen und Gestaltungen. Damit hängt es zusammen, daß *jedes* Glied einer Gemeinschaft in ihr seine sittliche Würde erlangt und behält. Der Mensch ist hier niemals wie in einer Sozialform Mittel zu einem Zweck, Knecht, Angestellter, Chef oder dgl., sondern stets Selbstzweck. Er wird nie zu einem Teil beansprucht als Kopf oder als Hand, wegen seiner Handschrift oder seiner sprachlichen, organisatorischen, technischen usw. Begabung, sondern immer als ganzer Mensch. Immer wird sein voller Einsatz erwartet. Demnach stehen Menschen, die auf Gemeinschaft miteinander leben, zueinander wie Brüder, wie Kameraden gleicher Gesinnung, und ordnen danach für alle auftretenden Aufgaben die Art und Weise der Erledigung so, daß damit dem Geistigen am besten und reinsten gehorcht wird. Es ist deswegen auch gleichgültig, *wer* die Ausführung übernimmt, d.h. für sie sich bestimmt fühlt oder bestimmt wird; alles aber kommt darauf an, in welcher Reinheit und Treue der Gesinnung gegen die Idee der Gemeinschaft sie erledigt wird. Was folgt daraus?

Wofern wir nun in unseren *Schulen* solche Gruppen bilden und in ihnen die Möglichkeit, *echte* Gemeinschaft *frei* entstehen zu lassen, schützen, dann reichen wir auch in der Schule hinein oder, bescheidender gesagt, heran an die wahre Erziehung, wie sie zwischen Mensch und Mensch, Mensch und Natur als reines Geistwirken absichtslos geschieht. Dort aber ereignet sich Erziehung, wo in einer menschlichen Gemeinschaft Menschen absichtslos füreinander da sind und *tätig* sind. Wollen wir also hinaus über die »Klasse«, wollen wir mehr als eine soziale Gruppe, dann müssen wir unsere Gruppen so gestalten und nun auch so leben lassen, daß in ihnen Raum ist für das *zwischenmenschliche* Geschehen und damit für eine wirkliche Gemeinschaftsbildung. Und alles, was weiter unten aufgezählt werden wird zur Unterstützung dieser Bildung, besser gesagt, um eben jenem Geschehen Raum zu geben, darf *auf keinen Fall* aufgefaßt werden im Sinne eines »Arrangements«, als wenn dort, wo man diese Mittel in einem technischen Sinne rational anwendet, nun auch Erziehung geschehen müsse. Alles will vielmehr mit leiser Hand und einem stillen Herzen, das nicht das Seine sucht und das alles Gekünstelte meidet, behutsam gepflegt sein.

Das Erziehungsziel der Schule

Wie die Zukunft politisch und wirtschaftlich gestaltet sein wird, das wissen wir nicht und weiß keiner der heute Lebenden, wie es auch niemand zuvor gewußt hat. Die Zukunft wird von Nöten, Interessen, Kämpfen, neuen wirtschaftlichen, politischen, sozialen Bedingungen bestimmt sein, die wir nicht kennen, höchstens einige ahnen können, aber eines wissen wir alle: alle diese Nöte usw. können nur behoben werden, wenn jene Zeiten über Männer und Frauen verfügen mit Initiative, fähig und bereit, die Last auf sich zu nehmen und sie zu tragen, freundlich, liebenswürdig, rücksichtsvoll, hilfsbereit und willig, sich selber ganz und gar an ihre Aufgabe hinzugeben, Opfer zu bringen, wahrhaft zu sein, treu, schlichten Herzens, ehrlich, selbstlos, und darunter einige wenige, die bereit sind, *mehr zu tun* als die andern für diese andern, ohne davon Aufhebens zu machen. Dienstbereit alle, aber alle nach Maßgabe des Pfundes, das sie zu verwalten bestimmt und darum in ihr Leben entlassen worden sind.[6*]

Menschenschule

Wo demnach eine Schulgemeinde mit diesen Ideen der Erziehung und der Gemeinschaft Ernst macht, dort erwartet sie von der gesamten Öffentlichkeit als ein Versuch aufgefaßt und beurteilt zu werden, den vollen Gehalt der Forderung nach einer »Menschenerziehung« im Rahmen der öffentlichen Schule zu verwirklichen, damit also die *Idee* der Schule in ihrem tiefsten Verstande als einer »Menschenschule« im Sinne *Pestalozzis*, soweit Menschen es vermögen, Ideales wirklich zu machen. Sie ist insofern Schule rein erziehungswissenschaftlich und pädagogisch genommen.

6 Siehe Petersen, Schulleben und Unterricht einer freien allgemeinen Volksschule nach den Grundsätzen Neuer Erziehung, Weimar 1930, S. 7.

* Folgenden Absatz hat Petersen für die Neuauflage gestrichen: »Das Ergebnis einer solchen Charakterbildung ist dann der volkgebundene freie Mensch, der ›Mensch der Polis‹, der naturgemäß in den vielfältigen gesellschaftlichen, politischen und geistigen Ordnungen des Volkslebens steht und in ihnen willig dient, in seinem ›Stande‹. Sein ganzes Sein und Schicksal, Rang, Ehre und Würde gewinnt und nimmt er aus der Ganzheit des lebendigen Volkstums.« (Siehe Petersen, Pädagogik, 1932, S. 3)

Haltung der Elternschaft

Von der Elternschaft aus gesehen gilt es, sich der Erziehungs- und Gemeinschaftsidee nicht wie einem Statut mit Paragraphen oder einem Gesetz unterzuordnen, sondern als den alle Arbeit und alles Leben regulierenden geistigen Prinzipien der Schule. Und sie zeigt sich dort recht eingeordnet, wo sie bereit ist, um dieser Idee willen, alles für die Kinder dieser Schule als einer Einheit, also nicht nur um *ihres* Kindes willen, zu tun, was in ihren Kräften steht: an Mitarbeit, Geldunterstützung, Rat, Verteidigung, persönlichen und materiellen Opfern. Von da an war der Beginn einer echten Schulgemeinde fühlbar, als ich den Eltern sagen konnte, in keinem Falle habe die Elternschaft versagt, wo sie aufgerufen ward, um dieser Idee der besten kindgemäßen Erziehung und Menschenbildung halber zu helfen, Arbeit zu tun, Lasten zu tragen, Opfer aufzubringen für dieses oder jenes Kind oder eine Gruppe von Kindern. Vor allem aber, daß dieser Anruf stets Erfolg hatte über alle parteipolitischen und alle weltanschaulichen Gegensätze hinweg! Mithin wurde für das, was Elternschaft und Erzieher für das Beste hielten, um diese Kinder zu würdigen, wertvollen Menschen zu erziehen, auch der Parteiegoismus, die konfessionellen und anderen sehr starken Gegensätze zurückgestellt. Es begann bei der Mehrheit die Einsicht Bahn zu gewinnen, daß Kinder jenseits des parteipolitischen Kampfes zu lassen sind, daß, soweit wie nur irgend möglich, ihre Welt frei von der Hetze und dem Zank der Erwachsenenwelt zu halten sei. Es ist ja der größte Irrwahn und zugleich ein Vergehen am Menschen, zu wähnen, wer die Jugend habe, der habe die Zukunft, und so gelte es, schon die Gemüter der Jungen sobald als möglich mit den »richtigen« Parteiansichten zu füllen, noch bevor sie angefangen haben, sich die Grundlagen eines volkgebundenen Menschentums zu gewinnen und zu offenbaren, zu welcher besonderen Leistung sie bestimmt sein möchten.

Sind diese Grundlagen gesichert, dann ist sie »freie« Volksschule und des Staates kostbarster Schatz. Innerhalb der deutschen pädagogischen Bewegung wird sie schulgeschichtlich am besten eingeordnet dem, was im rein pädagogischen Sinne unter »Lebensgemeinschaftsschule« verstanden und seit Hugo Dörings »Deutscher Lebensschule« (1882) von allen deutschbewußten Erziehungsreformern im Geiste *Pestalozzis* und *Fröbels* erstrebt wird, so auch von Lagarde, Nietzsche und Langbehn, dem »Rembrandtdeutschen«, Hermann Lietz u.v.a., den Bahnbrechern und ersten Gestaltern der Deutschen »Neuen Erziehung«.

»Allgemeine Schule«

ist sie insofern, als sie Kinder beiden Geschlechts, jeden Standes und Bekenntnisses, jeder Begabung vereinigt und das solange als irgend möglich, am liebsten zehn Schuljahre. Die Frage der *Koedukation* kann auf keine Weise »wissenschaftlich« geklärt werden, sondern die weltanschaulich-pädagogisch getroffene Entscheidung für bzw. gegen eine Koedukation kann lediglich nachträglich mit statistischem und pädagogisch-psychologischem Material usw. belegt werden. Es ist zur Begründung des Für wie des Wider reichlich vorhanden. Auch der Versuch, die Schüler und Schülerinnen der Lebensgemeinschaftsschulen selber über Vorteile und Nachteile der Koedukation zu befragen, ergab ebenso viele Stimmen dagegen als dafür. Wird das Kind von der Außenwelt mit dieser Problematik verschont, so wird es vor dem 11./12. Lebensjahre nicht nennenswert sie erkennen lassen oder selber fühlen. Mit einsetzender Reifezeit beginnt erst die Auseinandersetzung mit dem anderen Geschlecht und nimmt dort, wo das Kind eine gesunde Umwelt umgibt, im Charakter und Temperament liegende, individuell ganz verschiedene Formen an, hier sexufugale, dort sexupetale. Instinktive Scheu und Sprödigkeit sind ebenso häufig natürlich wachsende Schutzmittel wie der Trieb, dem andern Geschlecht zu gefallen. Es ist ja so, wie Karl Groos einmal sehr fein schildert, daß sich die im Zentrum befindlichen ererbten Dispositionen, welche sich auf die Erhaltung der Art beziehen, unter normalen Verhältnissen von anderen Trieben verhüllt zeigen, die sich gleichzeitig regen; denn es regt sich nicht der Geschlechtstrieb, sondern es steigt eine ganze Gruppe von Trieben gleichzeitig auf, so daß jene ererbten Dispositionen »den eigentlichen Herd der Revolution umgeben, wie die Blätter der Blume den verborgenen Grund umstehen, aus dem sich die Frucht entwickelt«[7]. Da sind der Trieb zur Selbstdarstellung, nicht nur um dem anderen Geschlechte aufzufallen, sondern ebensosehr, um sich körperlich wie geistig zur Geltung zu bringen; dann der Kampftrieb in seinen verschiedenen Spielarten wie Rauflust, Begeisterung für körperliche Kampfspiele, zuschauend oder teilnehmend, oder Oppositionslust, Radikalismus, Zweifelsucht. Also ein wundervoll ineinander greifendes und heilsam natürlich den Menschen lenkendes Spiel ererbter Triebe.

Die Schulwelt muß sich entwickeln zur besten Klärungsanlage für das Triebleben dieser Jahre. Sie wird die schirmenden Instinkte trotziger Knaben wie echt weiblicher Sprödigkeit gleicherweise schützen, den Trieben zur Selbstdarstellung und zum Kampf reichlich Gelegenheit geben, indem sie sie zugleich auf würdige Gegenstände ablenkt. Das unten S. 51 f. noch zu behandelnde Gruppensystem gestattet außerdem, Knaben wie Mädchen, die in den Reifejahren auseinanderstreben, hinreichend Arbeit und Ausleben in reinen Mädchen- wie reinen Knabengruppen. Nur sorge man, daß in dem Schulleben als einem Ganzen beide Geschlechter miteinander leben und arbeiten können, und daß sich die Schulgemeinde nicht um das ernsteste Problem des Lebens und der Gesellschaft *drücke*, eben das der

7 Die Psychologie der reifenden Jugend, Intern. Monatsschrift, 1912, S. 1331ff.

Geschlechter, und eine der wichtigsten pädagogischen Aufgaben aus Unfähigkeit, sie zu lösen, beiseite schiebe, aber damit ihrerseits zur Verschärfung des Problems ihren redlichen Anteil an Schuld nehme. Wer das Zusammenleben beider Geschlechter beobachtet hat, der wird den heilsamen pädagogischen wie sittlichen Einfluß solchen Lebens nie wieder entbehren wollen und wird stets die Einseitigkeit, ja die Armut eines Schullebens getrennt eingeschulter Geschlechter bedauernd feststellen können. In Wirklichkeit wird in Deutschland auch weit über die Hälfte aller Kinder heute noch gemeinsam eingeschult. Für Preußen betrugen die Zahlen 1921/22 61,34%, auf dem Lande gar 87,6%. Im katholischen Niederösterreich waren 1936/37 in den öffentlichen Schulen von 193000 Kindern 143000 koeduziert.

Unsere Erfahrungen und Anschauungen decken sich weithin mit denen der Berlinertor-Schule zu Hamburg, die sich versuchsweise soweit wie nur irgend möglich von der kindlichen Eigenart in ihrer Versuchsarbeit leiten ließ. In den ersten Jahren des Versuchs waren die Geschlechter nur in den beiden untersten Klassen gemischt. Im Laufe der Jahre mischten sich die Klassen durch Übertritt von Kindern aus einer Klasse in die andere oder durch neue Einschulungen, bei denen Knaben in Mädchen-, Mädchen in Knabenklassen eintraten, etwa weil sie mit Kindern dieser Klasse befreundet oder verschwistert waren. Doch gab es im Herbst 1927 noch zwei Klassen, die nur aus Knaben bestanden, und eine reine Mädchenklasse. »Die gemeinsame Erziehung hat sich erhalten, trotzdem hier und dort vereinzelt Kinder einer solchen Gemeinschaft widerstrebt haben. Im ganzen sind von Kindern und Lehrern gute Erfahrungen gemacht worden, so daß man wohl erwarten kann, daß in Zukunft eine Geschlechtertrennung nur vereinzelt stattfinden wird.«[8]

8 Siehe »Werdendes Zeitalter.«, 1927, S. 154.

Der Bankerott der Jahresklasse

Die Vereinigung verschiedener Schuljahre wird in ihrer vollen Bedeutung erst eingesehen im Zusammenhang mit den unten erfolgenden Ausführungen über die »Gruppe«. Von der allergrößten Wichtigkeit ist es, daß die verschiedensten *Begabungen* beisammen gehalten werden. Auch das findet seine weitere Erklärung in jener Schilderung des Gruppenlebens, hat aber noch andere schwerwiegende Gründe. Das heutige Schulsystem zeigt auf jede Weise den Bankerott des Jahresklassensystems, sowie der Auslese für die sogenannten höheren Schulen. Um 1900 begründete sich sogar ein Schulsystem, das sogenannte Mannheimer, auf der Tatsache, daß nur ein kleiner Bruchteil Schüler imstande sei, die Volksschule normal zu durchlaufen. In Preußen wurden 1910/11 nur 45% aus der achten Klasse entlassen; mehr hatten das Vollziel der Volksschule nicht erreicht; in Hamburg blieben 1912 über 50% sitzen. In Halle a.d.S. verließen Ostern 1931 genau 913 die Volksschule, davon 594 aus der 1. Klasse, 319 aus einer niedrigeren! Eine Naumburger Volksschule hatte 1930 30 Klassen, aber nur eine erste (8. Schuljahr)! Josef Stur[9] gibt für Wien erschütternde Zahlen: von allen Schülern Wiens durchliefen nur 41½% die vom Gesetzgeber gewollte Schulbahn. Imstande, die oberste Schulstufe zu erreichen, waren 48,4%; 51,6% fielen vorher durch, und von diesen traten 20% (ein Fünftel!) mit erreichtem 14. Lebensjahr vorzeitig während des Schuljahres aus. Der Oberschulrat H. Schüßler, Frankfurt a.M., sah 40–55% Sitzenbleiber in den Volksschulen (Neue Deutsche Schule, 1938). Die gleichen Zahlen führen Holland, Belgien, England, Tschechoslowakei auf. In der Südafrikanischen Union erreichen nur 56% Klasse 6 (im Durchschnitt

9 Vgl. u.a. Josef Stur, Mittelschule und Bürgerschule, Wien 1927, S. 63; Ov. Decroly et Gérard Boon, Vers l'Ecole Renovée, 1921, p. 11.

14½ Jahre alt).[10] Decroly und Boon berichten sogar, daß nach sehr optimistischer Schätzung nur 15% die beabsichtigten Wohltaten der belgischen Volksschule genießen, also von den 1,2 Millionen belgischer Kinder des Jahre 1921 nur 180000! Und die höheren Schulen aller dieser Länder zeigen das nämliche Bild.

Seit 1890 erreicht nur jeder 5. Sextaner in Deutschland das Abitur! Während 1927/28 aus den Volksschulen in Frankfurt a.M. 48% mit gebrochener Bildung abgingen, waren es aus den dortigen Mittelschulen 41%. Nach Bremer Untersuchungen verließen 42% aller eine höhere Schule besuchenden Schüler im Alter von 14 Jahren die Schule, also höchstens mit Quartareife! In Berlin wurden als Folge zu milder Auslese 1928/29 1600 Schüler aus der Sexta, Quinta und Quarta wieder entlassen.[11] Von den in Preußen in die Sexta Aufgenommenen erreichten 30% nicht die Mittelstufe, 70% nicht die Oberstufe; das bedeutet: 25000 Knaben treten ins praktische Leben über, die nur »Tertianerbildung« haben, 15000, die nur die Unterstufe einer höheren Schule durchlaufen haben. Die Rechnung geht nicht fehl, wenn wir annehmen, daß die deutschen höheren Schulen Jahr für Jahr mehr als 70000 Schüler dem sogenannten Stehkragenproletariat zuführten; eine Schülerschar, die, wie genaue statistische Erhebungen zeigten, in Handel, Handwerk und Industrie ungern genommen werden[12], obwohl sie damals, als sie der höheren Schule zugeführt wurden, innerhalb der Volksschule doch immerhin zu den Besseren zählten. Das lehrte u.a. auch

10 Siehe O'Grady, Lehrerbildung in Südafrika, 1939, S. 3.

11 Walter Hüsken, »Bankerott des Jahresklassensystems«, in der »Frankfurter Zeitung« vom 13.4.1930; Kurz, Schüler, die vorzeitig die höhere Schule verlassen, 1930.

12 Pädagogisches Zentralblatt, 1925, Heft 6, Käthe Gäbel, die Berufsaussichten der Schüler höherer Lehranstalten mit vorzeitig abgebrochener Schulbildung; Zeitschrift für Jugendkunde, 1934, Heft 1, Georg Schliebe, Gescheiterte Schüler höherer Schulen.

die erste Beamtenprüfung von 143 Anwärtern in Frankfurt a.M. 1928. Es meldeten sich 54 Abiturienten und Primaner, 38 Volksschüler und Mittelschüler, 26 Obersekundaner und 25 Militäranwärter. Es fielen durch:

von den Volks- und Mittelschülern 34%,
von den Militäranwärtern 36%,
von den Primanern und Abiturienten 41%,
von den Obersekundanern 62%.

Auch in diesem Punkte steht es im Auslande nicht besser. Um die Zahl der Sitzenbleiber auf den Höheren Schulen Hollands (etwa 30%) zu verringern, wurden vor 20 Jahren am Jahresende in den Klassen sogenannte »Zulassungsprüfungen« eingeführt. Und das Ergebnis war nach 10 Jahren – dasselbe! 1924 wurden 3897 zugelassen, nicht versetzt 1258, d.i. 33%; 1928 3668 bzw. 1031, d.i. 29%; 1932 4255 bzw. 1391 = 31%; 1935 5055 bzw. 1205, d.i. 30%.[13] Statt die Volksschule durch ›gehobene Klassen‹, Hauptschulen, Mittelschulen usf., ›auszupowern‹, lasse man die Begabten *innerhalb der Volksschule*, schaffe aber nun bessere Bildungsmöglichkeiten in den freien und verschiedenen Bildungsformen, wie sie gerade auch der Jena-Plan entwickelt und über 25 Jahre lang mit Erfolg ausprobiert hat.

Kein Volk kann die Schüler ändern und lernschulmäßig mehr aus ihnen herausbringen, darum ist das Schulwesen – und in erster Linie das Schulleben – selbst zu ändern![14]

13 Siehe »Weekblad voor Gymnasiaal en Middelba. Onderwijs', 14.7.1938.

14 Siehe Petersen, Die Praxis der Schulen nach dem Jena-Plan. (Jena-Plan III.) 1934, S. 1–20.

Und die Hilfsschüler?

Mit diesem Versagen des Jahresklassensystems hängt eng zusammen die Tatsache, daß rd. seit 1900 die Einrichtung von »Hilfsschulen« nötig wird. Jenaer Untersuchungen haben für einen erheblichen Teil der *Hilfsschüler* als Grund ihrer Überweisung in die Hilfsschule wahrscheinlich gemacht die rein konstitutionelle, physische wie psychische, Unfähigkeit zahlreicher Kinder, das unkindlich angespannte, mit täglichen, ja stündlichen »Forderungen« nach »Leistungen« an sie herantretende Arbeitsleben einer »wohlgegliederten«, dazu klassenmäßig gebundenen Unterricht erteilenden Volksschule zu ertragen. Dagegen hat der Versuch, solche Hilfsschüler im Gruppenverband zu belassen, ihnen keinerlei Gefühl von Minderwertigkeit zu geben, ihnen Zeit und Ruhe für ihre Entwicklung zu lassen, vor allem immer an erster Stelle für ihre körperliche Erkräftigung zu sorgen, gezeigt, daß diese über die 2–3 ersten Schuljahre gut hinübergeleitet werden können, um darauf auch im Sinne der normalen Schule ausreichend zu »folgen«, mit fortzuschreiten. Haller Untersuchungen haben ebenfalls gezeigt, daß die Spätentwickler mindestens 23% der Gesamtschülerschaft der Hilfsschule ausmachen.[15]

Seit Alfred Krampf den Begriff des »brauchbaren Hilfsschulkindes« prägte, ist von Frieda Buchholz auf Grund von 20jährigen Erfahrungen und planmäßigen Beobachtungen dieses Kind als ein *Normalkind* eingehend charakterisiert worden.[16] Es gehört in die allgemeine Volksschule. Die gründliche Arbeit bestätigt nahezu vollständig die Meinung des ersten Hilfsschulverbandstages, daß 76% zu Unrecht an der Hilfsschule überhaupt sind, zugleich eine Rechtfertigung des von der Praxis der Jena-

15 E. Kludas in »Deutsche Sonderschule«, 1934, S. 408.

16 Frieda Buchholz, Das brauchbare Hilfsschulkind – ein Normalkind. 1939.

Plan-Schulen seit je geübten Verhaltens dem sogenannten Hilfsschüler gegenüber.

Das pathologische Kind wird, auch bei leichteren Fällen, der besonderen, zumeist dann aber gleich der Heilerziehung zuzuweisen sein. Unter den heute aber der Hilfsschule Zugewiesenen wird ein sehr großer Teil, bei guter Mitarbeit und rechter Einsicht des Elternhauses, bis zum Ende der Volksschulzeit im Gruppenverbande geführt werden können. Unmöglich wird es freilich, wenn die *Eltern* sich nicht dazu verstehen können, die mangelhafte oder sehr begrenzte intellektuelle Befähigung und die sittlich schwachen Seiten ihres Kindes vor sich, und was ja immer sehr schwer fällt, vor dem Lehrer und unter Umständen auch vor den Elternvertretern, offen zuzugeben. Wenn sie fortfahren, von den Lehrern wie auch von ihrem Kinde mehr zu verlangen, als beide im Verein mit der helfenden Gruppe an ihrem Kinde zuwege bringen können, dann muß so bald als möglich doch die Überführung in die Hilfsschule einsetzen, wenn eine am Orte ist. Denn es kommt sonst zu einer Belastung der Gruppe, die diese als Gesamtheit schädigt. Es ist von Bedeutung, daß auch in diesem Teile ihres Versuchs die oben genannte Berlinertor-Schule in Hamburg zum gleichen Ergebnis gekommen ist. »Grundsätzlich wollen wir schwachbegabte Kinder, sogenannte Hilfsschüler, in unsern Gruppen behalten und betreuen und wollen und können das als unsre Pflicht betrachten, solange die Gruppen denselben Bruchteil an schwachbegabten Kindern tragen, der in der Kinderschaft allgemein vorhanden ist. Denn wir möchten die Kinder in dem Kreise lassen, in dem sie auch außerhalb der Schule leben, und ohne sie in besonderen Klassen zusammenzufassen, wollen wir eine Förderung suchen, die in der Richtung unserer pädagogischen Anschauung liegt. In einzelnen Fällen haben wir den schweren Entschluß gefaßt, Kinder an Hilfsschulen abzugeben, weil keine Gruppe der Schule die Belastung durch die betreffenden Kinder noch zu tragen vermochte.« (Werdendes Zeitalter a.a.O. S. 159)

Es ist eben nicht so sehr die Frage der Begabung, um die es gehen sollte, als die des Menschen selbst. Wer jene schulmäßig wenig Begabten sich in ihrer Weise frei und froh ohne Anzeichen irgendwelcher seelischen Gedrücktheit unter den Mitschülern bewegen sieht, versteht, was ich meine. Sie können in dem reicheren Arbeitsleben der Normalschule vielseitiger und auf natürliche Weise lernen, auswählen, was ihnen zugänglich ist, und in ihrer Art dem freien Bildungserwerb nachgehen. Stets findet sich Gelegenheit, sie mit ihren Fähigkeiten einzustellen: mit einem Vortrag über sie besonders interessierende Dinge, mit praktischer Handarbeit, im Chor, im dramatischen Spiel usf. usf. Dazu sind sie ein Anlaß für reifere Mitschüler, sich ihrer anzunehmen, mit ihnen dies und das durchzuarbeiten. Didaktisch wie pädagogisch wirken jene sich an ihnen wertvoll aus, und das Bild wirklichen Menschenlebens wäre wiederum nicht vorhanden, fehlten diese sog. Hilfsschüler, die nun hier zu Schülern werden, die im besonderen der Hilfe aller Glieder der Schule bedürfen und dadurch einen sittlich wertvollen Teil bilden.[17]

Die Begabten

Ebenso unentbehrlich sind die *Begabten*, auch die Hochbegabten. In Jena konnte 1925/29 ein Versuch mit einer Anzahl ausgesprochen Hochbegabter durchgeführt werden, die zu jenen 10% der Schüler höherer Lehranstalten gehören, welche nach Joseph Petzold zwei der in den Lehrplänen der höheren Schule vorgeschriebenen Jahrespensen in *einem* Jahr erledigen können »ohne jede Anstrengung, also mit geringerer Mühe als der schlechte Durchschnitt der großen Mehrzahl der Schüler der

17 Die Ansicht, in die Hilfsschule Verwiesene könnten ja wieder in die Volksschule zurückkehren, nachdem sie in einer sie individueller anfassenden und fördernden Schulform aufgeholt hätten, ist vollkommen irrig; 1940/41 kehrte nicht 1% in die Volksschule zurück.

heutigen höheren Schulen«. Das typisch begabte Kind ist nach den Untersuchungen Lewis M. Termans klassenmäßig bis zu einem Drittel seines Lebensalters zu niedrig eingestuft. Es wird ständig um 21% unter der Höhenlage gehalten, für die es Arbeit erledigen kann. Mit acht Jahren steht es bereits in seiner allgemeinen Orientiertheit auf einer Stufe mit dem Durchschnittskind von zwölf Jahren usw.[18] Da das Gruppensystem mit seinen, freies individuelles Fortschreiten ermöglichenden Arbeitsformen den Unterrichtsfortschritt keines Kindes hemmt, so bestätigen alle Eltern, daß diese begabten Kinder nicht Mangel an Beschäftigung litten, daß sie keine Langeweile kannten, daß sie ruhig und stetig reiften, in keiner Weise »zu kurz kämen«. Zugleich aber sind sie wichtigste Gehilfen der Lehrer und Erzieher an verschiedensten Stellen. Sie greifen überall und mehr aus eigenem Antrieb als auf Anordnung und Wunsch in Unterrichts- und Schulleben ein. Nach dem 7. und 8. Schuljahr wird zudem den fachlich Begabten besonderer Dienst zugetraut; sie treten in *ihre* »Vorlehrzeit« ein: ein Mädchen, das Kunstgewerblerin werden will, leitet den Werkunterricht für Grundschüler unter Anleitung des Werklehrers; andere, die Gymnastiklehrerinnen werden wollen, führen bestimmte Gruppen; jenes Mädchen, das Buchhalterin werden will und für Ostern eine feste Anstellung in sicherer Aussicht hat, übernimmt unter Leitung die Buchführung der Schule und lernt außerdem mit zwei anderen, einem Mädchen und einem Knaben, Französisch, da sie es alle im späteren Beruf gebrauchen werden. Daß Jungen und Mädchen, die den Lehrberuf ergreifen wollen, sich selber ständig Gelegenheit schaffen, Mitschülern lehrend zu helfen, bedarf keiner besonderen Erwähnung. Wohl aber ein anderer Vorzug jeder »Allgemeinen Volksschule«, welche die Begabten nicht an besondere Schulen abgibt:

18 Terman, Lewis M., Pflege der Begabung, Z. f. pädag. Psych. 1925, 3, S. 137ff.

In der großzügig angelegten und durchgeführten Untersuchung über die Hochbegabten weisen L. Terman und seine Mitarbeiter nach, daß die Hochbegabten mit neun Jahren in ihrer Charakterentwicklung so weit wie sonst 14jährige sind und auch sonst die stärksten *sittlichen* Eigenschaften zeigen.[19] In meinen nunmehr als zwanzigjährigen Beobachtungen an der Jenaer Universitätsschule finde ich diese Ergebnisse durchaus bestätigt und zwar so, daß überhaupt das begabtere Kind auch in stärkerem Maße das sittlich führende Kind ist. Nur muß seine Schule ihm die Freiheit intellektueller wie charakterlicher Entwicklung nach seinem Gesetz gewähren. Dann ist es wie eine Art sozialer Dankbarkeit, die aus solchen Kindern heraustreibt und sie zum freiwilligen Helfen in reichstem Maße führt. In den überlieferten Schulen wird allgemein darüber geklagt, daß gerade die hochbegabten Schüler zu Selbstüberhebung neigen, und ebenso darüber, daß sie im Klassensystem ja auch keine Möglichkeit hätten, die sittlichen Führereigenschaften zu betätigen und herauszustellen. Dagegen machen nun solche Kinder in der freien Schule Erfahrungen, die von höchstem Werte für den Aufbau eines sittlichen Führer-Charakters sind. Der Überheblichkeit wird ja nicht nur durch die mannigfachen gemeinschaftlichen Besprechungen und Veranstaltungen der Gesamtgruppe vorgebeugt, sondern besonders auch im freiwilligen Hilfsdienst und bei der Leitung sich frei bildender Untergruppen um diese und durch diese Kinder. Denn kein anderes Kind läßt sich helfen oder leiten, anleiten oder befehlen, wenn Hilfe, Befehl, Leitung wie eine Art Gnade oder Herablassung nahen. Das begabte Kind muß in einer ganz anderen menschlichen Haltung, jedenfalls mindestens in einer, die keine Überheblichkeit, Ungerechtigkeit oder Herablassung verrät, seine Führung ausüben. Deswegen wird dies Zusammenleben zu einer wunder-

19 Genetic Studies of Genius Vol. I 1925, pa. 517, u.ö. und: Hugh Harthorne und Mark A. May, Studies in Deceit. New York, McMillan Co. 1930.

baren Schulung begabter Kinder im Umgang mit Menschen, in der rechten Menschenbehandlung, etwas von höchster Bedeutung fürs Leben. (Vgl. u. S. 69f., 4. Vorteil der Gruppe!)

Aber ganz allgemein ist der Einfluß des begabten Kindes auf das sittliche Niveau wie auf den allgemeinen Begabungsstand einer Gruppe denkbar groß und auch deswegen seine Abwanderung an Sonderschulen lebhaft zu bedauern. Dieses aber auch um ihrer selbst willen, weil sie ein wahres Bild des Menschenlebens und der mannigfaltigen Züge dieses Bildes nur in einer allgemeinen Volksschule kennenlernen und sich daran entfalten und bewähren können; ein bedeutender Wert für ihre künftige soziale Stellung. Wie fremd, und darum wie unfähig zeigen sich im Umgang mit nichtakademischen Kreisen so viele Akademiker, bei denen man alsdann regelmäßig auch eine Schule- und Berufsbildung und anschließend eine Lebens- und Berufsführung feststellen kann, die sie niemals in echte Lebensverbundenheit mit anderen Menschen als die ihres engeren Verkehrskreises gebracht haben. Gerade diejenigen jungen Menschen, welche dereinst aller Wahrscheinlichkeit nach zu den 1–2% gehören, die in ihrem Volke eine führende Stellung einnehmen werden und können, müssen solange als möglich in einem Schulwesen aufwachsen, das ihnen ermöglicht, sich allgemein menschlich vielseitig aufzuschließen, zu betätigen und zu reifen.

Soziales

Damit ist bereits alles Nötige über den Wert einer starken sozialen Mischung der Schülerschaft gesagt. Je treuer ihr Bild die tatsächliche soziale Schichtung widergibt, um so reicher ist sie auch an sozialen und rein menschlichen Aufgaben für die Kinder selbst, mithin wertvollere Vorbereitung für ihre Aufgaben als Erwachsene.

Familienschule

Zugleich ergibt sich noch ein Vorteil von selbst, der nicht zum letzten gehört: diese Schule werden alle Kinder einer und derselben Familie zehn Jahre lang besuchen können, ja es wird von Eltern wie Erziehern gleichermaßen gewünscht werden, daß sie sich als echte Familienschule darstelle.

II. Äußere Ordnung des Schullebens

Schulgebäude

Die Massenschule sollte in kleinere Schulsysteme zerlegt werden, mit allerhöchstens 400–500 Schülern. Das Gebäude sei Flachbau, möglichst einstöckig, umgeben mit Gelände für Spielplatz, Schulgarten als Kinderland, es enthalte für jede Gruppe ein besonderes Zimmer (etwas Grundsätzliches gegenüber dem Gary- und Dalton-Plan), dazu einen geräumigen Kombinationsraum für Werktechniken, einen Raum für naturwissenschaftliches Arbeiten, einen Turn- und Gymnastiksaal, sowie einen Versammlungsraum für Musikpflege, Schulfeiern, Theater usw., wenn irgend möglich einen organisch eingegliederten Kindergarten.[20]

Verteilung der Schüler

Die Schülerzahl der einzelnen Gruppen überschreite auf der Unter- und Mittelstufe nicht 40, auf der Oberstufe nicht 30–35. Die von Decroly geforderte Höchstzahl von 20–25, von deutschen Arbeitsschulpädagogen auf 20 bemessene bestätigt unser

20 Vgl. Petersen, Schule und Kindergarten im Dorf, in: W. Döpel, Der Dorfkinderkarten als Erziehungsstätte, 1935, S. 34–52. – Georg Kerschensteiner forderte Zerschlagung der Schulkasernen und statt dessen Schulen mit nur 250 Schülern, siehe »Theorie der Bildung«, 1926.

Versuch nicht, weil nämlich von Anfang an stärker das natürliche Lernen, das freie individuelle Fortschreiten der Schüler, auch die weitgehende Freiheit in der Mitarbeit an der ganzen Unterrichtsgestaltung die Ordnung, Beschäftigung und Führung erleichtern, sowie den Wunsch nach einem reicheren und mannigfaltigeren Gruppenleben erstehen lassen. Auch unter den heutigen unnormalen Verhältnissen bewährte sich der Jena-Plan noch in Klassen mit mehr als fünfzig Schülern, ja er ermöglichte es gerade, bei derart unerträglich hohen Zahlen die selbsttätige Arbeit und Einstellung des Schülers der Schularbeit wie dem Gemeinschaftsleben gegenüber, ihr freies Schaffen und Zusammenleben dennoch zu erhalten.

Ausstattung

Die Ausstattung umfaßt Tische und Stühle, die, leicht beweglich, im Raume von den Kindern selbst, je nach dem, wie es die »pädagogische Situation« erfordert, geordnet, auch nach draußen, selbst eine Viertelstunde Weges, getragen werden können, um für den Unterrichtsgang auf eine Wiese, an ein Flußufer, in einen Steinbruch, in den botanischen Garten usw. mitgenommen zu werden, da es die Regel sein muß, den Unterricht soviel wie nur möglich ins Freie zu verlegen. Die Firma August Niederkrom & Co., Hannover-Linden, verfertigte die in Jena jahrelang erprobten Tische sowie Arbeitsmittel- und Mappenschränke. Letztere sind mit Rolltüren gearbeitet, um den im Raum verfügbaren Platz soweit wie möglich frei zu halten. An Tischen werden benötigt, berechnet auf 40 Schüler: 8 viersitzige und 8 einsitzige, also insgesamt 40–48 Sitzplätze, um einen kleinen Spielraum zu lassen, da die einsitzigen Tische auch für zwei Schüler Platz bieten. Dazu kommen 1 Arbeitsmittelschrank und 2 Mappenschränke, die Gesamt*kosten* betragen etwa ein Drittel derjenigen für eine Einrichtung mit Rettigbänken ohne Zubehör.[21]

Diese Zahl ist errechnet auf Grund unserer zwanzigjährigen Beobachtung der natürlichen Gruppenbildung der Kinder. Die höchste Zahl frei zur Arbeit zusammentretender Kinder war 6, sehr beliebt, ja am beliebtesten war die Dreier- bis Vierergruppe, daneben stets, und zwar wechselnd beansprucht, der Einertisch. Die Zweiergruppe ist, bei längerer Dauer, recht oft pädagogisch wie erzieherisch wertlos, sogar gefährlich, weil sie Verklickung begünstigt und das geistige Wachsen aneinander beeinträchtigt. Die Sechsergruppe ist die seltenste und zumeist wieder innerlich aufgespalten in eine Zweiheit, die aber, etwa rein stofflich (durch einen Atlas, Ton, Rechenspiele usw.) verbunden, doch räumlich zusammenhält. Ähnlich steht es mit der Fünfergruppe. Für den Lehrer sind nur ein besonderer Stuhl sowie ein ausreichender Platz im Arbeitsmittelschrank erforderlich. Die Wände werden in Wandtafelflächen verwandelt so reichlich wie irgend möglich, bis zum Fußboden herabgezogen[22], oder mit mattem grauem Glas überlegt. Über die Tafelfläche ein Sims aus weichem Holz, auch die Fensterbänke müssen freigegeben werden für die Aufnahme von Aquarien, Terrarien, Blumen und für manches andere, was der Kinder Herz liebt und was sie in »ihrem« Raume um sich haben möchten.

21 Die preußischen Richtlinien für den Bau von Volksschulhäusern vom 2.7.1928 besagen: »Auf die Bestrebungen, statt zweisitziger fester Schulbänke lose Tische und Stühle zu verwenden und die Schulkinder anders als herkömmlich, etwa in Halbkreisen oder Hufeisenform um den Arbeitstisch des Lehrers anzuordnen, wird weitmöglichst Rücksicht zu nehmen sein.« – Preuß. Richtlinien für das *ländliche* Schulwesen vom 7.4.1930 gestatten Umgestaltung des Klassenraumes.

22 Vgl. Arno Förtsch in: Petersen/Förtsch, Das gestaltende Schaffen im Schulversuch der Jenaer Universitätsschule 1925–1930, Weimar, 1930, der die genaue Technik des Präparierens von Wandflächen schildert. Die Ausgaben für Material betrugen 1930 für 10 qm 8 RM. Vgl. auch »Lebensnaher Volksschulunterricht«, 1935, Heft 9, Leipzig, Julius Klinkhardt; enthält alle nötigen Angaben.

Die Tische enthalten keine Tintenfässer, sondern beim Schreiben wird sobald als möglich der Füllfederhalter verwendet, oder das Kind lernt, seinen Platz für das Schreiben mit Tinte sorgfältig herrichten, genau so wie es in der Regel es im Elternhause muß oder im Büro müßte. Auch im Kleinsten hat die Schule gute Sitte bildend immer voranzugehen und das Beispiel zu geben.

Platzfrage

Es gibt keine absolut »festen« Plätze. Sie sind frei gewählt oder aus der jeweiligen Gruppenarbeit und deren innerer Bewegtheit heraus bestimmt. So offenbaren sich auch hier – wie überhaupt in ungeheurer Fülle, sobald den Kindern *wahre* Bewegungsfreiheit eingeräumt wird, – typische Wesensseiten an den Kindern, z.B. die starren, die rechthaberischen, die verträglichen usf. Es gehört mit zu den Aufgaben des Gruppenlebens und bereits seiner äußeren Ordnung, die Kinder sich *wesenhaft* offenbaren zu lassen, damit sich danach die angemessenere Behandlung durch den Lehrer wie durch die Gemeinschaft richten kann.

Bewegungsfreiheit

Wahre Bewegungsfreiheit! d.h. die Kinder bewegen sich frei im Raum, ja in der Schule. Jedes geht vollkommen frei ein und aus und verantwortet seine Freiheit vor der Gruppe. *Bewegung ist die Nahrung des wachsenden kindlichen Körpers*; ihre Unterbindung Verbrechen an seiner Gesundheit.[23]

Alle unsre Erfahrungen bestätigen ununterbrochen, daß kein

23 Vgl. die eindringlichen Kapitel in der bitterernsten Schrift Franz Schedes, Die Grundlagen der körperlichen Erziehung, 1935.

Mißbrauch mit dieser Freiheit getrieben wird, der im allermindesten uns veranlassen könnte, sie anders als bisher zu beschränken. Nicht nur der still für sich beobachtende Lehrer, fast noch mehr die Gruppe selber kennt sofort jenen heraus, der zum Mißbrauch neigen könnte, und wird ihn umgehend zur Rechenschaft ziehen. Desgleichen hat – das sei hier angefügt – unsre ständig, der Wissenschaft halber, vorgenommene Kontrolle der zu freier oder einer besonderen Arbeit in einem der 4 Nebenräume sich begebenden Schüler, wo sie manchmal 1–2 Stunden lang ohne stete Aufsicht arbeiten, regelmäßig ergeben, daß nicht getrödelt ward. Davon abgesehen, daß ja diese Arbeit so gut wie stets in einer Werk*leistung* endet, die vorgezeigt werden kann. Wir haben aber an einer großen Anzahl »verschulter«, unter dem üblichen Schuldruck körperlich ermatteter Kinder, die zu uns kamen und von den Eltern und uns besonders beobachtet wurden, die heilsame Wirkung dieser freien Bewegung rein auf die körperliche Konstitution feststellen können. Nach 6–8 Wochen waren die roten Backen wieder da und ein ruhiger, erfrischender Schlaf. Denjenigen Ärzten, die die Jenaer Schule über Jahrzehnte beobachteten, ist diese *heilende* Wirkung genau bekannt und es besteht mit ihnen eine stille Zusammenarbeit.

Pause

Ferner hat dieser »bewegte Unterricht« samt seiner ganzen Umwelt uns zu einer neuen Pausenordnung geführt. Die Kinder ermüden erst nach 1¾ Stunden. Genau dieselben Feststellungen machten Lehrer an sich selber, die z. T. zehn Jahre und länger an Schulen alten Systems waren mit Pausen nach jeder Stunde. Darum legen wir die Pause nun schon seit 1924 in die Mitte des Arbeits-Vormittags, so daß sich zwei Arbeitszeiten von je 100–105 Minuten ergeben, dazu eine Übergangszeit zwischen den regelmäßig in der ersten Morgenstunde liegenden Kursstunden, die aber nicht als »Pause« im Schulleben deutlich hervortritt, sondern mehr eine Zeit von 3–5 Minuten bedeutet, in der zur Gruppenarbeit übergegangen wird und Umstellung des Mobiliars, Forträumen von Lernmitteln, Hinübergehen in einen anderen Raum, das Erscheinen später zur Schule kommender Schüler erfolgt u.dgl.m. Es hat sich in allen Jahren kein Anlaß ergeben, mit dieser einen Pause, die 35–40 Minuten umspannt, zu brechen, auch nicht bei Schulanfängern; Lotte Danziger fand bereits beim Sechsjährigen als längste Spielzeit 96 Minuten, s. Schulreifetest, 1933, S. 11.

Die Pause einer Jena-Plan-Schule ist genau so wie Gruppenunterricht, Kurs, Kreis usw. eine echte »pädagogische Situation«. Sie beginnt mit einem *volkstümlichen Turnen* von 10–15 Minuten oder wird beendet durch ein Zehnminutenturnen aller Schüler. Im ersten Falle liegt in der Mitte das *Frühstück*, das immer von jeder Gruppe gemeinsam, in voller Ruhe und guter Essenshaltung eingenommen wird. Daran schließt sich ein freies *Tummeln und Spiel.* Oft gliedert sich dabei die Schülerschaft in ein Drittel, das an je zwei Wochentagen ein gebundenes Spiel (Faustball) durchführt, und zwei Drittel, die frei spielen, sich an den Beeten des Schulgartens beschäftigen oder tollen.

Der Versuch, diese Zeiteinteilung auch im subtropischen Klima Nashvilles U.S.A. durchzuführen, zeigte genau dieselben Erscheinungen. Obwohl die Schulstunden vormittags von 9–12 lagen, Stunden, in denen sich der noch nicht eingewöhnte Deutsche am liebsten nicht bewegt, ergab es sich bei der in Jena erprobten Arbeitsform auch hier, daß die Kinder erst nach 10,30 unruhiger zu werden begannen, so daß wir den Lunch in die Zeit 10,35 bis 10,45 legten. Überhaupt schienen die Kinder viel weniger Hitze zu empfinden als die Erwachsenen. Auf die Hitze zurückzuführende Unruhe oder Zappeligkeit war nur ein- oder zweimal an ganz besonders drückend-schwülen Tagen festzustellen, an denen dann in der Regel eines jener schnell aufkommenden starken Gewitter mit Platzregen ausbrach. Es war aber auch jetzt weit mehr die Nervosität der Hospitanten, die ansteckte, als Aufregung der Kinder selbst; jedenfalls gelang es bei einem besonders heftigen Unwetter der sehr geistesgegenwärtigen und tüchtigen Lehrerin, im Bruchteil einer Minute die Kinder von der Gruppenarbeit abzulösen und sich zum »Kreise« ordnen zu lassen. Der Wandel in der Beschäftigung und die nach der Ordnung des Kreises erfolgende Konzentration auf gemeinsam Interessierendes genügte, um der Kinderschar mehr Haltung zu geben als den meisten der Erwachsenen.

Anfügen möchte ich noch die Erfahrungen der Hamburger *Lichtwarkschule*, die sich ebenfalls eine Doppelstunde, und zwar von 75 Minuten geschaffen hatte, um eine ihrer neuen Arbeitsweise entsprechende Zeiteinteilung zu gewinnen. Darüber schreibt Rudolf Kappe in der Zeitschrift »Die Lebensgemeinschaftsschule« 1926, S. 159: »Die Doppelstunde von 75 Minuten ohne Pause. Wir hätten das früher für unmöglich gehalten. Und es wäre auch keiner ›alten Schule‹ zu raten, es nachzumachen. Die Langeweile und die Verzweiflung der Schüler wären unausdenkbar. Eine Epidemie von Schülerselbstmorden wäre gewiß die Folge. Wo aber Schwung und Freude, Aktualität und innerste Anteilnahme das Leben der Schule beflügeln, da vergeht die Zeit auch im Fluge. Zahllose Besucher haben es mitgemacht. Jeder kann es nachprüfen. Wir könnten ohne diese konzentrierte Doppelstunde nicht mehr existieren.«

III. Das Gemeinschaftsleben der Gruppe

a) Die Gruppe[24]

Statt von Klassen reden wir von Gruppen. Das ist mehr als ein neues Wort. Es darf hier als genügend bekannt vorausgesetzt werden, was überlieferungsmäßig unter Schulklasse verstanden und in der herkömmlichen Literatur als ihre Idealform betrachtet wird. Die Unterschiede zwischen Klasse und Gruppe liegen ebendort, wo die zwischen Gesellschaft und Gemeinschaft liegen, so wie sie oben S. 23f. aufgezeigt werden.

Stammgruppen

Mit Bestimmtheit müssen wir erklären, daß das Beste die Mischung der Schüler nach verschiedenen Jahrgängen, selbstverständlich mit beiden Geschlechtern (mit gewissen Einschränkungen für die Pubertätszeit siehe oben S. 29ff.) sowie allen Ständen und Begabungen ist. In Jena ist lange Zeit hindurch ausgeprobt worden, welche Alter am besten zusammenpassen und wie groß die Altersspannen sein sollten. In allen Schulen, auch in ein- und zweiklassigen Schulen, sollte die Stammgruppenbildung folgendermaßen erfolgen:

24 Siehe die eingehenden Schilderungen in Petersen, Schulleben und Unterricht usw., 1930, und: Führungslehre des Unterrichts, 1937, bes. Kap. 2 und 3.

Die *Untergruppe* vereine die Kinder des 1.–3. Schuljahres. Auf keinen Fall sollte man die Kinder des 4. Schuljahres mit hineinnehmen, auch nicht um der rein schulpolitischen, unpädagogischen vierjährigen »Grundschule« ein Opfer zu bringen. Aber ebenso bedenklich ist es, Kinder des 3. Schuljahres zu zeitig in die nächste Gruppe hinüberzunehmen. Nötigen große Schülerzahlen dazu, dann nicht vor Oktober.

Die *Mittelgruppe* besteht aus Schülern des 4.–6. Schuljahres, die *Obergruppe* aus Schülern des 6./7. bis 8. Schuljahres, die *Jugendlichengruppe* aus solchen des 8./9. bis 10. Schuljahres.

Die neuere pädagogische Psychologie bestätigt, daß in den angegebenen Lebensjahren, in denen die Stammgruppen sich gegeneinander abgliedern, auch die entscheidenden Einschnitte der seelisch-körperlichen Entwicklung liegen. Wer diese beachtet, gewinnt pädagogisch wie didaktisch die größten Vorteile. Diese verliert die überlieferte Schule vor allem für die Lebensalter 9–11/12, unsere Mittelgruppe, weil sie diese Klassen durch die Sitzenbleiber altersmäßig ruiniert.

Jena-Plan und Landschule

Über die Durchführung in *Landschulen* und die erste Jena-Plan-Schule mit *zehn* Jahrgängen, die zur Obersekundareife führt, berichtet »Die Praxis der Schulen nach dem Jena-Plan«, 1934, S. 348 ff.; über die »zehnjährige Bezirksschule« in Rahden i. Westf. auch Hermann Lüking in der »Deutschen Schule«, Sept. 1935.

Übergänge

Kein Kind bleibt jemals »sitzen«, sondern *alle* rücken nach dreijähriger Arbeit in einer Gruppe in die nächste auf. Doch *können* in der Mittel- und Obergruppe einige aus dem 6. Schuljahr in die Obergruppe, aus dem 8. in die Jugendlichengruppe hinübergenommen werden. Aber für diese »Versetzung« wird nicht der Intelligenzgrad das schlechthin Entscheidende sein. Was ein Kind auf Grund seiner Intelligenz lernen kann, das vermag es ja weitgehend in jeder Gruppe, sowie durch Teilnahme an Kursen u.dgl. zu lernen. Deswegen ist uns stets das Entscheidende die »allgemeine Reife«, die menschliche Haltung, die Frage, wie wird dieser Junge, dieses Mädchen als ganz kleine Persönlichkeit sich in der anderen Gruppe fühlen und durchsetzen, also wie es in seinem persönlichen Wesen wachsen wird. Die so von dem Lehrkörper monatelang für eine Verschiebung in eine andere Gruppe Beobachteten behalten dabei stets das Recht, sich zu weigern, in die andere Gruppe überzugehen. Auch damit haben wir nur gute Erfahrungen gemacht und gesehen, wie die Kinder durchaus zu einer Selbstbeurteilung fähig sind. Das Kind, welches von uns für den Übergang als geeignet bezeichnet wird, behält auch nach seiner Weigerung das Recht zum Übergang während des ganzen auf den Termin (Ostern) folgenden Jahres. Ein Kind, das sich unsrer Meinung entgegen selber für den Übergang geeignet hält, kann u.U. das Recht zum Versuch erhalten, aber als widerruflich. Auch im letzteren Fall haben wir erfahren müssen, daß Kinder sich richtig beurteilt hatten. Verkrampfungen sind nur dort aufgetreten, wo – uns im voraus bekannt – das Elternhaus den Übergang als Versetzung im Sinne der überlieferten Schule auffaßte, mithin ein Verbleiben in der Gruppe als »Sitzenbleiben«, als Degradierung ihres Kindes. Sobald die Elternschaft in längerer Mitarbeit den Sinn dessen verstehen lernte, was wir beabsichtigen, verschwanden die falschen Rückwirkungen.

Definition der Stammgruppe

Ich definiere sie als eine »Sozialform«, die sich unter Führung eines erwachsenen Erziehers planvoll, absichtlich als *Mittel* der geistigen Gemeinschaft weiß und will, die unabhängig daran arbeitet, ihre Organisationseinheit als *bloßes* Mittel zu erhalten, sie niemals Selbstzweck werden zu lassen (auch für jede Gruppe liegt ja schon der höchste Zweck in der übergeordneten, sie alle umfangenden Idee der Schulgemeinde). Durch solche ernsteste Arbeit an sich selbst als Gesamtheit erreicht sie die weitgehendste Sinnerfüllung. Dabei ist es aber von entscheidender Bedeutung, daß die jede Gemeinschaft bezeichnende freie Dynamik der inneren Struktur gewährleistet ist (S. 23ff.).

Das freie innere Kräftespiel der Stammgruppe

Die in solcher Gruppe vereinigten Kinder sind in keinem Stück zum gemeinsamen Fortschreiten vom Lehrer gezwungen, sondern arbeiten frei, selbsttätig und weitgehend selbständig vom ersten Schultage an im Vollbesitz ihrer Bewegungsfreiheit unter jenem Gesetz, das weiter unten als das »Gesetz der Gruppe« (S. 58) noch aufgezeigt wird. Dabei bilden sich alsbald frei zusammentretende *Tischgruppen* auf Grund von Freundschaften, persönlicher Zuneigung, aber ebenso oft auf Grund gemeinsamen Interesses oder auch, weil sie vom Gruppenführer zusammengeführt, d.h. auf die Gemeinsamkeit ihrer Arbeit aufmerksam gemacht sind, und weil sie den Vorteil gemeinsamer Arbeit eingesehen haben. Zwangsweises Gruppieren wäre wertlos; nur wo die innere Zustimmung gewonnen wird, hat solche Beihilfe Wert. Dabei zeigen sich wiederum von Anfang an starke Überschneidungen: im Rechnen setzen sich andere Kinder zusammen als bei Papp- und Papierarbeiten oder Lesen; auch die Alter überschneiden sich, ebenso die Begabungen und so auch die

Führer. Der Junge, der im Papparbeiten in der Dreiergruppe führt, anleitet und auf die Durchführung der Arbeiten sieht, ist dagegen in der Rechengruppe, der er zugehört, nur ein aktives Glied, in seiner erdkundlichen ein passives. Ferner wandeln sich die Tischgruppen wiederholt während des Jahres, und zwar in der Zusammensetzung wie nach dem innern Kräfteverhältnis, weil eben die Glieder ganz verschieden innerlich wachsen.

Organisatorische Vorteile für alle Schulen

Eine wichtige Folge hat dieses aufgeteilte Arbeitsleben auch insofern, als es nichts ausmacht, wenn ein Kind oder mehrere im Laufe des Jahres eintreten. Sie werden nach kurzer Eingewöhnungsfrist sich ohne alle Schwierigkeiten angliedern, wie wir an genug Beispielen beobachten konnten. Es wird daher bei dieser Organisation des Arbeitslebens nicht nötig, sich starr an die staatlichen Einschulungstermine zu halten, die ja nicht anders als mehr oder minder gewaltsam, rein bürokratisch abgesteckte Termine sein können, um der äußeren Ordnung willen. Durch die Lebensform der »Untergruppe« ist ferner das ernste Problem der »Schulreife« einfach gelöst. Ebenso bereitet das »Springen« wirklich hochbegabter und reifer Schüler im Gruppensystem keinerlei Schwierigkeit.

Überhaupt enthält das Gruppensystem *für sämtliche Schulen* allergrößte Vorteile. Fritz Behrendt zeigte im »Jena-Plan«-Sonderheft der »Deutschen Schule« Sept. 1935, wie *jede Schule* die großen Erleichterungen der Schularbeit, welche die Niveaukurse bringen, genießen kann, desgleichen die Vorteile der Blockstunde, des Kreises, der Pause, Raumgestaltung und pädagogische Rückschau.[25]

25 A.a.O. S. 416ff.: »Praktisches aus dem Jena-Plan für alle Schulen.« Vgl. in: Petersen, Die Praxis der Schulen usw. 1934, S. 297–316: Die Organisation der Kurse (Beitrag Fritz Peichert) und S. 115ff.

Schulen, die den Unterricht durch »Ehrfurcht vor dem Leben« (s. S. 81–110) durchführen, die den ersten Wert auf gesunde Schüler legen und sich darum bestreben, den »Schulalltag« gesund zu machen, mehren und stärken die Volkskraft. Überflüssig werden für sie oberbehördliche Anweisungen für Schwerhörige wie Kurzsichtige. Ja, weil jeder Schüler jederzeit, wenn es etwas genau anzusehen gibt, seinen Platz in die Nähe des Gegenstands verlegen, sich ihm frei nähern kann, gibt es keine durch die Schule bewirkte Kurzsichtigkeit mehr. Dasselbe ist festgestellt für die durch die *Schule* verursachten Rückgratsverkrümmungen (Skoliosen). Auch sie fallen fort, weil der wachsende kindliche Körper genügend Bewegung, ja alle von ihm geforderte Bewegung, zu seiner Ernährung erhält sowohl dadurch, daß ein schulhygienisch einwandfreies Schulmobiliar vorhanden ist, wie dadurch, daß die Bewegung im Raume freigegeben ist.[26] Hinzu kommen noch die Ausgestaltung der Pause (s. S. 47f.), das Turnen, die rege Ausnutzung von Lehrspaziergängen, Schulfahrten und Schulreisen. Niemals ist in diesen 25 Jahren in der Jenaer Universitätsschule »hitzefrei« gegeben worden. Anstatt die Kinder in die stickigen Stuben und Straßen zurückzusenden, wird ins Bad gegangen, gebadet, werden dort Sonnen- und Luftbäder genommen und leichtere Spiele gespielt. Soweit möglich, wird der Unterricht ins Freie des Schulplatzes oder Schulgartens verlegt.[27]

Schulpflichtige, aber noch nicht voll schulreife Kinder entwickeln sich in der Untergruppe, die ihnen drei ruhige Jahre

26 Vgl. den ernsten Aufsatz von Dr. med. Emmi Drexel, Schädigungen der körperlichen Entwicklung durch das herrschende Schulsystem; »Neue Deutsche Schule«, 1938, S. 649–660.

27 Zusammenfassend berichten darüber: Herbert Sailer, Körperbildung und Pflege der Innerlichkeit, sowie: Hilde Borkenhagen, Die Schulreisen der Universitätsschule in Jena, beide im »Jena-Plan«-Sonderheft der »Deutschen Schule« (Klinkhardt-Leipzig), Sept. 1935.

ohne Bedrohung durch Sitzenbleiben gewährt, ungestörter und erleiden weder körperliche noch seelische Schädigungen. Das gleiche gilt in Fällen längerer Erkrankung. Da keine Angst Eltern und Kind befällt, daß das erkrankte Kind sitzen bleiben werde, so wirkt sich auch hier die seelische Ruhe gesundend aus. Was im schlimmsten Falle eintreten würde, das wäre in den Niveaukursen eine Abteilung niedriger eingeordnet zu werden, jedoch wieder mit der Gewißheit, aufholen zu können. Aber aus seinem Jahrgang, aus seiner Altersgruppe wird kein Kind gelöst; alle Schuljahre hindurch genießt es deren Schutz und deren menschliche wie geistige Entwicklungen.

b) Umgang und Sitte

Vom ersten Tage an muß ferner daran gegangen werden, *das Zusammenleben innerhalb der Gruppe* zu formen, mit eben den menschlichen Kräften und Werten, deren Träger die Kinder dieser gegebenen Gruppe sind. Gehen wir analysierend einmal vom Äußerlichen zum Inneren über:

Räumliche Einordnung

Da ist zunächst die Auseinandersetzung mit dem Gruppenraume und mit dem Schulhause, so wie sie sind; die räumliche Einordnung. Das bedeutet schon Einordnung in die realen Pflichtverhältnisse und die Verkehrsformen der Schule. Wichtig ist es, damit am allerersten Tage zu beginnen und nicht, wie es vielfach mit Schulanfängern geschieht, diesen *erst* einige Tage lang ein lustiges, z.T. ausgelassenes Leben vorzumachen, das zum verlangten Schulleben im Widerspruch steht, aber auch überhaupt zum Sinn der Schule und zu dem, was schon ein Kind von ihr erwartet.

Die Kinder sind vom ersten Tage an zu allen guten Sitten des Umgangs einzugewöhnen. Die Formen des Grußes beim Betreten und Verlassen des Raumes, beim Sich-Begegnen im Raume usf., usf. werden im Sinne schlichter Selbstverständlichkeiten geübt und von jedem verlangt. Besonders wichtig sind das Leisegehen, Flüsterübungen, gegenseitige Rücksichtnahme im Vorbeilassen und Aushelfen.

Das Gruppengesetz[28]

Der Raum selbst wird ihnen in »Freiheit« überlassen, aber es ist »Schein der Freiheit«, wenn man darunter Willkürgebrauch verstehen wollte. Sie findet ihre Begrenzung im »Gesetz der Gruppe«, und dieses lautet: im Raume darf nur geschehen, was alle gemeinsam wollen und was das Zusammenleben und die Schularbeit in Ordnung, Sitte und Schönheit allen in diesem Raume gewährleistet. Dabei werde nicht, wie es Oberflächliche noch oft meinen, vergessen, daß zu diesen allen auch der Lehrer gehört. Mithin sind *Grenzen der Freiheit*: a) die gleichen Rechte und Pflichten aller Kameraden, b) die Bindungen, welche durch die räumliche Enge gegeben sind und die zu Rücksichtnahme mannigfaltigster Art nötigen, und c) die Beschränktheit mancher Arbeitsmittel; es können z.B. nicht alle gleichzeitig an den Wandflächen tätig sein, dieselben Lehrmittel benutzen, gewisse Bücher, das Mikroskop beanspruchen usf.

28 Eingehende Begründung s. in Petersen, Führungslehre des Unterrichts, 1969, unter: »Vor-Ordnungen, nicht Verordnung!« (Siehe S. 66.)

»Abgeschlossenheit«

Dem Gruppen*raume* geben wir aber eine ganz große Bedeutung, keine geringere als die der »Abgeschlossenheit«, der Bindung an einen bestimmten Raum zur Entfaltung geistiger Kräfte, wie sie Leo Frobenius in ihrer Bedeutung für das Wachsen geistiger Kulturen erkannt und betont hat. Es entsteht eine intensivere geistige Wechselwirkung, damit größere Kräftigung und Reifung der Energien.

Beweglichkeit

Ebenso ist die Beweglichkeit gegenüber dem veralteten, Gesundheit fressenden Systeme der Bankreihen von allgemeinerer Bedeutung. Die Kinder lieben es außerordentlich, an »ihrem« Raume gestaltend tätig zu sein. Nun wird dieser Betätigungstrieb dem Schulzweck eingeordnet: es gilt in der Regel täglich mehrmals, sicher immer 2–3mal den Raum anders zu ordnen: für den »Lesekreis«, zur Schulspeisung, zum Gruppenunterricht, für gewisse Tischgruppenarbeiten usf. Auch dabei beobachten wir typische Verhaltensweisen: die Untergruppe hält mehr auf die starre Ordnung, daß »immer wieder alles genau so« gemacht wird, wie üblich, die anderen stehen freier zur Raumordnung, die Mittelgruppe ist dabei am meisten erfinderisch und auch mehr für ganz etwas Neues, periodenmäßig.

Das Einhalten der äußeren Ordnung wird halb spielend, halb sportmäßig geübt, dann mit der Uhr in der Hand. Sobald sich kleinere Unregelmäßigkeiten einstellen, nehme man *sofort* eine neue kurze Einübung vor. Sie stößt nie auf Widerstand, im Gegenteil, sie bereitet Freude und Spaß, wenn sie nur in dem rechten fröhlichen Ton bei aller Bestimmtheit gefordert wird. Immer wieder tritt uns ja nichts anderes entgegen als die genugsam bekannte und biopsychisch begründete Tatsache, daß der Kinder Aufmerksamkeit und Gedächtnis kurz sind. Was wegen dieser größeren Vergeßlichkeit unterbleibt, das ist aber keineswegs aus bösem Willen und deswegen geschehen, weil ein »wildes Ungestüm« in den Kindern triebe. Es bedarf lediglich der kurzen erneuerten Übung und der liebevoll, aber unbeugsam ernst an die Gruppe gerichteten Erinnerung.

Schulwohnstube

Der Raum werde zu einer »Schulwohnstube«. Darum gehört in ihn nun auch keine Hobelbank, kein Sandkasten u.dgl. Und zwar nicht nur wegen der hygienischen Bedenken und störenden Arbeitsgeräusche, sondern weil das *Ethos* in einer Werkstatt ein anderes ist als das einer Wohnstube, auch, als das einer Schulwohnstube sein soll. Es ist dies ein Unterschied wie zwischen einer zusammenarbeitenden Gesellschaft und einer zusammenlebenden Gemeinschaft. Wohl bewirkt auch die Werkstatt soziale Gesinnung und bildet die Persönlichkeit, allein dies gilt mehr in der Arbeitswelt des Erwachsenen, für die die Schule vorbereitet und am besten eben durch Ausbau rechter Schülerwerkstätten neben den Schulwohnstuben.* Den Charakter einer Wohnstube aber verleihen dem Raume ganz besonders der singende Vogel, die tickende Uhr, der Blumenschmuck, der Wandschmuck, den die Kinder selber herstellten. Es bindet Kinder vor allen Dingen innerlich stark an ihn alles, was sie an Eigenem aus ihrem Besitz, an ihnen wertvollen kleinen und großen Schätzen dort aufstellen dürfen, sei es auch nur vorübergehend.

* Dieser Satz ersetzt: »Mag die Werkstatt soziale Gesinnung in einem bescheidenen Maße mitbewirken, ihr Anteil an persönlichkeitsbildender Kraft ist gering.«

Pflege und Ordnung der menschlichen Beziehungen

Über alles Äußere hinaus wichtig ist nun, was sich an rein menschlichen Beziehungen anbahnt, d.h. die Einordnung in die Wertewelt einer Schule, die sich unter die Idee der Gemeinschaft und der Bruderschaft stellt. Erst damit öffnet sich der Umkreis sittlicher und persönlicher Erziehung. Die Hauptmittel dafür sind:

a) die *Aussprache*; die Offenheit aller Verhältnisse; das Geöffnetsein füreinander; daß alles zur Aussprache kommt;

b) das Recht eines jeden Kindes, gehört zu werden, seine Meinung frei zu äußern; *die Anerkennung gleichen Rechtes für alle*, und dieses Recht lediglich beschränkt durch die Rechte der andern, eine Bindung von stärkster Wirkung;

c) die Behandlung restlos aller »Fälle« durch die Gruppe, in letzter, aber von den Gruppen ungern angegangener Instanz, von der ganzen Schulgemeinde. Dabei bedarf es der Führung durch den Lehrer mit größtem Takte, gleichfalls ist hier eine der besten Gelegenheiten zur Erziehung zur taktvollen Behandlung des Mitmenschen; und ich erlebte den ungeheuren Unterschied zwischen der Behandlung solcher Fälle hier in einer Gemeinschaft, die jedem Gliede das Gefühl ließ, ein Freier zu sein, und früher im Rahmen der Klasse, wo im besten Falle Freigelassene Recht schöpften;

d) die Warnung; oder *die Mahnung*. Das Äußerliche der Mahnung sei wiederum alles andere als starr. Jedes verabredete Zeichen hat ja die Tendenz zur Abnutzung, zur Entwertung; so wechseln auch die vereinbarten Formen ständig. Den Finger auf den Mund legen, das Hochheben einer Hand, das Hinstellen eines bestimmten Merkzeichens, der leichte Schlag an einen Gong mit wohltuend dumpfem Schlage sind solche erprobten und abwechselnd beliebten Mittel.

Nur eines werde soweit wie nur irgend möglich vermieden: das *Wort* selber! Alles Eingreifen mit Worten ist zu mehr als 90% schlecht und verfehlt seinen Zweck; denn das menschliche Wort weckt den Reiz zum Gegenwort, zur Antwort, sei es zur Rechtfertigung, zur Entschuldigung, zum Trotz oder was sonst es sein mag. Immer ist das stille, wortlose Sich-Verstehen hundertmal besser als das Reden über das, was abzustellen ist. Gar das anklagende, verweisende Wort sei sehr sparsam gebraucht, nach Kräften vermieden; der Führer gehe darin voran. Jedes Tun, jedes Zurechtstellen des Falschen, auch wenn man es selber nicht tat, ist sittlich wertvoller als die nach einem Wortwechsel auch kürzester Art erfolgende Handlung. Immer ist die »Besprechung« das Oberflächlichere, das Gehaltlosere. Dazu hat die berichtigende *Tat*, immer durch den, der es zuerst bemerkte, den Vorteil, daß hundert kleine, jedoch das Gemeinschaftsleben so leicht trübende und verwirrende Dinge schneller, reibungsloser, besser und wirkungsvoller für den Geist der Gruppe erledigt werden. Sie bewirkt weit seltener den Streit, hinterläßt am wenigsten Unruhe, Ärger, Gereiztheit, Verstimmung, alles Gefühle, von denen die Luft freigehalten sein muß. Jeder Lehrer merkt sich's und unermüdlich lehre er es, vor allem im eigenen Tun, seine Schüler, daß 99 von 100 Vorkommnissen und Fällen es nicht verdienen, auch nur schwach unterstrichen zu werden. Des alten Thales Wort stehe u.a. als Leitwort über dem ganzen Zusammenleben: »Ertrage Kleines von deinem Nächsten!« Nur hüte sich der Lehrer, die Lehrerin davor, die Kinder unnötig zu bedienen und in eine mit Recht lächerlich wirkende Höflichkeit zu verfallen, die bei gesund empfindenden Kindern genau so unangenehme Reaktion veranlaßt, wie solches Verhalten von Erwachsenen als unfein, geziert, verstiegen u.dgl. verurteilt wird. Ebenso beachte er die allgemeinen psychologischen Gesetze bei Massenbildungen! Dort hilft nur kurz und bündiges Eingreifen mit festem Wort und klarer Tat.

e) *Die Pflege der Innerlichkeit.* Dahin gehört die Feier aller Geburtstage durch die Kinder; die Vorbereitungen von allerhand Festen; Behaglichkeit des Schulraumes; die schlichte, menschliche Wärme im Umgang miteinander und mit dem erwachsenen Lehrer; der Verkehr lieber Menschen in »unserm« Raume. Wie wichtig ist es, wenn die Mutter dann und wann neben ihrem Kinde in diesem Raume sitzen kann, wenn der Vater, der seinen Urlaub hat, mit im Werkraum arbeitet, die freie Zeit benutzt, um die neue Rechenmethode kennenzulernen u.dgl. mehr. Hier besitzt jede Schule diese einfachen und doch so bedeutsamen Mittel, sich die Herzen der Kinder und der Eltern leicht zu erobern.

Schule des Schweigens und der Stille

Jena-Plan-Schulen pflegen das schweigende Denken (W. Dilthey, Werke V, 149f.) und das schweigende Handeln. Sie sind insofern »Schulen des Schweigens und der Stille«. Sie wenden sich gegen die Überschätzung des Wortes und Pflege des »Geredes«[29]. Hatte doch Hegel recht: Das Geschwätz zurückhalten ist eine wesentliche Bedingung für jede Bildung und jedes Lernen. Deswegen muß nun an erster Stelle auch Wort und Rede des *Lehrers* eingeschränkt und ganz neu – und damit wieder wertvoll, wirksamer – dem Schulleben eingefügt werden.

Die Pädagogik des Jena-Plans ist deswegen der Gegensatz zu jeder expressionistischen wie zur (im Grunde individualistischen)[30] Persönlichkeitspädagogik. Sie fordert klare, möglichst eindeutige und flächige »pädagogische Situationen«, deren Sinn und deren Führung einfach und damit straff gefaßt werden

29 Siehe Petersen, Pädagogik, 1932, S. 117; Ursprung der Pädagogik, 1931, S. 8, 13, 155, 210f.

30 Siehe Pädagogik, S. 159; 79ff.

können, wie Kurs, Kreis, Gruppenarbeit usf.; darum auch Blockstunden und für einen Tag oder einige Tage stofflich verbundene Arbeitszeiten, um wirklich arbeiten und rechtes Schaffen zu ermöglichen (s. den Wochenarbeitsplan S. 93).

c) Die Eingewöhnung in die Besonderheiten des »Schul«lebens und der »Schul«arbeit

Diese Eingewöhnung muß gleichfalls von Anfang an erfolgen, und wo sie nachließe, alsbald wieder geübt oder in Erinnerung gebracht werden. Es muß dafür Verständnis geweckt werden, daß die Schulstube eben doch keine Wohnstube schlechthin ist, sondern ein Raum, der einer ganz besonderen Aufgabe dient. Und wir können es in unserer Kulturlage voraussetzen, daß dies den Kindern schon beim Eintritt in die Schule irgendwie bekannt ist, von ihnen gar nicht anders erwartet wird. Es gilt nur, geschickt an diese Instinkte und sozial vermittelten Einsichten anzuschließen. Hierher gehören:

a) die Einführung in den Gebrauch der Lehrgegenstände, der Lernmittel aller Art; was mit diesem, was mit jenem gemacht werden kann oder ganz allein gemacht werden darf;
b) die jeweils besondere Arbeitshaltung, und
c) die besonderen methodischen Anforderungen, die für Arbeitsabläufe erforderlich sind.

Lehrgespräch

Um *ein* Beispiel eingehender zu behandeln, so erlangt das Gespräch, die Unterhaltung, zu großen Teilen, ja fast überwiegend innerhalb des Gruppenraumes eine besondere schulische Note. Zu verlangen ist ganz allgemein für das Schulgespräch, die

Schulunterhaltung, die Form des besten Salons. Dennoch ist es nie Unterhaltung um der Unterhaltung willen, sondern dies immer in einem besonderen Sinne, nämlich *bildende*. Man unterhält sich nicht aus Langeweile, aus Freude an der geistigen Erholung, der Dialektik oder an dem Menschen, mit dem man sich unterhält, sondern von vornherein besteht doch hier ein besonderer Sinn. Alles drängt hin auf erhöhte Aufmerksamkeit, zur Konzentration auf das, was man tut und wie man es tut, ganz anders vielleicht im Spiele der Konversation des Salons. Stets geht durch alles Reden die leise, aber bestimmte Mahnung hindurch: »Hat das, was du sagst oder tust oder fragst, jetzt und hier einen Sinn?« – »Gehört es hierher?« Und: was man sich vorgenommen hat, das soll auch zu einem sinnvollen Ende kommen, mindestens zu dem relativ besten Abschluß heute.

So zielt alles hin auf sinnvolle Beziehungen, auf klare, deutliche, in Worten bestimmt ausgedrückte Erkenntnisse, allgemein auf Verständnis, noch weiter gesteigert: es geht um begründetes Wissen, begründete Erfahrung. Wegen dieser Anforderungen an das Gespräch muß auch die *Form* sorgsam und stetig kultiviert werden. Nicht im Sinne irgendeiner »Einschulung« oder einer Belehrung. Vielmehr ordnet sich hier der Erwachsene ein mit der ganzen Wucht seines Vorbildes und gewinnt sich unfehlbar die starke Mehrheit seiner Gruppe als stille, bald als rührige Helfer. Ist doch, wie jedermann weiß, die Beherrschung schöner Form von stärkster Macht über die Mitmenschen und ordnet sie sich willig ein und unter. Nur dort, wo in einem Menschenkinde das Böse treibt, sucht es sich über sie hinwegzustürzen, es wird aber in recht zusammenlebenden Gruppen sofort an den Widerstand der Mehrheit stoßen und in seine Schranken alsbald zurückverwiesen werden. Es genügt, wenn sich der Lehrer fest und bestimmt in diesen Schranken hält und lediglich als dieser Mensch, der er ist, da ist. Die Tatsache seiner wirksamen Einordnung in das Gruppenleben ist Macht genug.

Frage

Dasselbe gilt auch von einem der wichtigsten Mittel im Leben der Schule, von der Frage. Sie ist unentbehrlichstes Mittel. Aller Fortgang im Bewußtmachen, im Denken, in der Wissenschaft hängt ja davon ab, daß Tatsachen problematisch, d.h. auf deutsch »fraglich«, gleich einer Frage, werden *und* daß nun eine Arbeit an den neuen Fragen einsetzt, welche nach Antworten, d.h. nach Begründungen, objektiver Begründung sucht. Tatsachen werden uns aber nur dadurch fraglich, daß wir uns mit ihnen *tätig* befassen, selber Widersprüche an ihnen oder sie selbst als »neu« entdecken, daß uns Zweifel aufsteigen, neue Seiten an ihnen denkend herausgestellt, andere Einordnungen von ihnen gefordert werden. Und wir können auch nur wertvolle Problemlösungen und Begründungen miterarbeiten, wenn *wir* ein eigenes *Tat*wissen haben, kein bloßes Wortwissen.

Gesprächsleitung

Bei dieser großen Bedeutung der Frage ergibt sich für die Leitung des Gesprächs, daß sie in der Unterstufe in der Hand des Lehrers liegen muß. Nur ganz vereinzelt, und stets nur in höheren Lebensaltern, wird diese Leitung auch einmal einem Kinde anvertraut werden können. In der Mittelstufe haben wir in der Regel schon gute Erfahrungen gemacht. Die Meisterung der rechten Gesprächsleitung wird aber doch immer Sache einzelner Kinder sein; unbedingt muß die Gruppe mitbestimmen, ihr Urteil ist meist sehr treffend und instinktsicher. Der Lehrer hüte sich nur vor Spielerei. Die Korrektur, das Eindämmen, ja das Verhindern ungeduldigen, nervösen, gelegentlich unbeherrschten Verhaltens ist ebensowenig Kindersache wie die Kunst, vorgebrachte Gedanken aufzunehmen, fortzuführen, zu einem Abschluß zu runden, sei es zu einem sogenannten Ergebnis, sei es zu einem weiteren, offenstehenden, aber als solches klar herausgestellten Problem oder zu einer Aufgabe.

Lehrerfrage

Allein ein wesentlicher Unterschied kennzeichnet auch an diesem Orte das neue Leben: der Wandel in Art und Sinn der eigenen, der *Lehrerfrage*[31]. Der Lehrer muß sich ganz und gar als Gesprächsleiter fühlen, darum nun seine Frage den im Schülerkreise frei aufsteigenden Gedankenzusammenhängen eingliedern. Sie stelle in Zweifel, blicke voraus auf eine, vielleicht *die* Lösung und reagiere dabei auf die Einwürfe, Fragen und Behauptungen der Kinder. Aber – immer geht sie nun *den* Weg, den die *Kinder* gewählt haben. So wird auch an dieser Stelle ganz Ernst mit der Anerkennung der Selbsttätigkeit der Schüler gemacht. Diese bekundet sich schon in dem Wege, den ein Kind oder die Gruppe eingeschlagen hat, und eben diesen Weg begleitet der Lehrer mit seinen Fragen. So ist es der Kinder Weg zur Lösung. Das Recht der Pädagogie aber bleibt es, frei darüber zu entscheiden, ob nicht unter Umständen vom Lehrer selbst auf eine Frage die Lösung gegeben werden soll oder wann sie und in welcher Form die Ablösung vom Gespräche erfolgen soll. Jene vollkommene, auch stimmungsmäßige Einordnung des Lehrers verbürgt, daß sein Vorgehen nicht den Charakter des Gewaltmäßigen, sondern stets den eines Menschen behält, der »in Funktion« handelt. Bei dem allen steht das Gespräch kraftvoll in die Selbstbildung der Kinder aufgenommen da.

Auch hier ist die Voraussetzung, daß in den Kindern, immer dem entwickelten Vermögen entsprechend, das Verständnis für

31 Vgl. Else Müller-Petersen, Fort von den Hilfsfragen! »Die Deutsche Schule«, Februar 1942.

alles geweckt wird, was sie tun, was der Lehrer tut, warum dieses, warum jenes Verhalten beobachtet wird. Deswegen wird nun der Lehrer in jeder Funktion von den Schülern verstanden und anerkannt. Genau so wie wir Erwachsene, besitzen die Kinder ein feines Gefühl dafür, ob ein Handeln, ein Befehl, eine Anordnung des Mitmenschen innere Berechtigung hat oder nicht.

Offenheit

Da mithin in allen Teilen dieser Zusammenarbeit *Offenheit aller Verhältnisse* gewährleistet ist, so dient alles, was der Eingewöhnung in die besonderen schulischen Aufgaben gilt, an seinem Teile ebenfalls als ein Mittel, der Gruppe als Ganzem Form, Stil, Kultur zu geben. Sie entfaltet in all ihrem Tun und durch dieses Tun einen werthaften Lebensstil, der während des Zusammenlebens im Schulraume sich darin bekundet, daß die Mitglieder »auf sich halten«. Wenn nun außerhalb der Schulstube, gar der Schule überhaupt, dasselbe eintritt, demnach die Haltung im Elternhause und auf der Straße bestimmt, dann hat die Gruppe Höchstes geleistet.

Gegenseitige Hilfe in der Erziehung

Das schlichte Geheimnis ihres Erfolges aber bildet das Auftreten, das freie Erscheinen der gegenseitigen Hilfe in der Erziehung, Hilfe also vom Standpunkte einfacher Menschlichkeit aus gesehen befolgt. Es besteht kein Schema – das wäre ja ihr Tod! –, vielmehr reichste Möglichkeit, gegenseitiges Helfen und Sorgen füreinander unter den Schülern frei hervortreten und sich betätigen zu lassen (s. oben S. 25f.). Die Idee der Gemeinschaft und Bruderschaft entsendet tausend Strahlen hinein in die wirkliche

Welt, und sie sind ebenso viele Wege zurück zur Idee. Daß nur diese selbst mit starkem Vertrauen ergriffen, nie ermüdend gesucht und damit im Gemeinschaftsleben leuchtend und wärmend erhalten werde!

d) Zehn Vorteile der Gruppe. Zusammenfassung

1. Die Altersunterschiede sind zugleich verstärkte Bildungsunterschiede, ohne daß wiederum die Spannung zu groß wird. Das bedeutet vermehrte geistige und allgemein menschliche Anregung und Förderung für die ganze Gruppe. Es sind im reicheren Maße pädagogische wie unterrichtliche Führer unter den Kindern selber vorhanden. Dadurch entsteht jenes fruchtbare »Bildungsgefälle«. Eine bislang nur in der Untergruppe durchgeführte statistisch genaue Untersuchung zeigte z. B., daß das 2. Schuljahr die Einführung des neu eintretenden ersten Schuljahres übernimmt, besonders die Einführung in den Gebrauch der »Arbeitsmittel«, den es selber als Schulanfänger vor einem Jahr erst lernte und nun als »Ältere« weitergeben kann, während die Schüler des 3. Schuljahres mehr erziehliche Einflüsse ausüben.
2. Die drei Jahrgänge verhalten sich zueinander wie Lehrlinge, Gesellen und Meister; auf jeden Fall entsteht eine solche Innengliederung *jeder* Gruppe, daß jener Vergleich zu Recht besteht.
3. Die wirklich (intellektuell) Begabten, die in der Jahresklasse sonst die Rolle der stets »Guten« und der »Ersten« spielen und dadurch so oft und leicht die bekannten unangenehmen Züge von Überheblichkeit und falscher Selbstbeurteilung zeigen, müssen in der zehnjährigen Volksschule mit vier Gruppen sich also dreimal neu ein- und unterordnen und sich mit Begabteren messen.
4. Gleiches gilt für die Entwicklung der echten »Führer«. Auch

solche Schüler müssen sich dreimal durchsetzen und zeigen, was es denn für sittliche und andere Eigenschaften sind, mit denen sie ihren Führeranspruch erhalten und jedesmal wieder durchsetzen können. Jahr für Jahr sehen wir, wie zu Ostern Scheinführer entlarvt werden, ebenso wie jene unangenehm Überlegenen und Besserwissenden in ihre Schranken gewiesen werden und wie heilsam diese Erziehung in der Gruppe ist!

5. Es ist besser, daß jährlich ein Drittel wechselt als die Hälfte. Denn sonst könnte leicht die neue Hälfte der stärkere Teil sein und das Gleichgewicht wäre gestört, auf die falsche Seite verlegt. Dagegen gewährleisten zwei verbleibende Drittel mit größter Sicherheit das Fortleben der guten »Überlieferung« und damit deren großen bildenden und erziehenden Wert.
6. Gerade in neuen Erziehungsschulen wurde sehr oft festgestellt, daß sich die Schüler im Jahresverband zu stark einspielen untereinander wie mit dem Lehrer, vor allem, wenn der letztere, was aus erzieherischen Gründen gern gefordert wird, die Klasse, »seine« Klasse durchführt. In der Gruppe wird dagegen alljährlich ein Drittel abgegeben; mit dem neuen Drittel kommen neue Anregungen hinzu, neue Aufgaben und neue Pflichten für Lehrer und Gruppenverband. Die Veränderung bringt jedesmal eine uns deutlich sichtbar werdende Kräfteverschiebung und -anspannung; im besten Sinne kommt »neues Blut« hinzu.
7. Keine Untergruppe wird bis zu 40 oder gar mehr Schulanfänger besitzen, sondern jede höchstens ein Drittel solcher Zahl, d.h. nur 12–15 Schulneulinge je Untergruppe. Das bedeutet eine sehr große Erleichterung vor allem aber eine echte, lebenswahre Einführung der Schulanfänger in das Schullernen und Schulleben. Dabei wird zugleich der Zusammenhang mit den Lernformen vor der Schulzeit auf natürliche Weise erhalten und kann vom Lehrer leichter ausgenutzt werden. Vgl. Punkt 1.

8. Der Lehrer muß sich umstellen, freier werden; er kann nicht mehr Lehrer im alten Sinne bleiben. Von selber wird er ein anderer, wird Pädagoge, Führer seiner Schüler.
9. Die richtige Sozialbildung wird erleichtert. Gerade sie wird aber nicht nur durch zu große Klassen erschwert, sondern auch durch das System der *Jahres*klassen. »Die Gruppenteilung der Kinder rein nach dem Lebensalter ist das sichtbarste Zeichen dafür, daß unsere Schule nur den *Schüler* sieht, nicht das Kind: man denkt nur daran, einen möglichst homogenen ›Lehrkörper‹ zu schaffen. ... Das Leben in der natürlichen Nachbarschaft, die Schule des Spiels, teilt ganz anders: die verschiedenaltrigen Geschwister wie die regelmäßig aus mindestens drei bis vier Jahrgängen gemischten Spielgruppen der Nachbarschaften zeigen uns ein anderes System der Verbandsbildung, der gegenseitigen Führung, Lenkung und Beeinflussung. Gerade der große Erfolg *dieser* Schule und der oft – gerade erzieherisch, sozialbildend – so beschämend geringe unserer offiziell so genannten Schulen war es, der veranlaßte, an der Universitätsschule in Jena die Jahresklassen aufzugeben zugunsten der je drei Jahrgänge umfassenden Gruppen, die wirkliche Spiel-, Lebens- und somit auch Lerngemeinschaften zu bilden vermögen«.[32]
10. Die Gruppe sichert also den Primat der Erziehungsidee, der Erziehungs- und Lebensschule vor der Unterrichtsanstalt und einseitigen Lernschule.

32 Philipp Hördt, Grundformen volkhafter Bildung, 2. Aufl. 1933, S. 42f.

IV. Der Umkreis sozialethischer Gegenstandsbildung

Innerhalb der Gruppe

Eine kurze Zusammenfassung möge zeigen, welchen Umfang die Gebiete einnehmen, an denen sich die Hilfe zur sittlichen und sozialen Erziehung auswirken kann. Innerhalb der einzelnen Gruppe sind es folgende: die Umgangsformen im Raum; die Raumpflege; das Veränderliche im Raume; den Raum in Ordnung halten; an keinem Tage verlassen die Schüler ihre Gruppenräume oder einen Werkraum, ohne ihn selber, so gut wie sie es können, aufzunehmen, ihn sauber und in guter Ordnung zu hinterlassen, das gilt als selbstverständliche Pflicht, die nie auf Widerstand stieß, der erwähnenswert wäre; Mitwirkung bei der Schulspeisung, Pflege guter Essensmanieren und Tischunterhaltung; die Ämter und der Helferdienst.

Alles, was aus dem freien Arbeits- und Unterrichtsleben der Kinder hervorgeht: ihre Erlebnisse miteinander innerhalb und außerhalb der Schule, auf der Straße, im Hause usw.; das Arbeitsleben in Werkstatt, Hof und Schulgarten; das gegenseitige Helfen im Lernen.

Die Gruppenfeiern am Montag und am Sonnabend. Nach der alle Kinder vereinenden kurzen Feier am Montagmorgen versammeln sich die Gruppen zu einer kurzen oder längeren Betrachtung des in der Morgenfeier gegebenen und knapp erläuterten Wochenspruches, der Vorlesung, Erzählung usf. An jedem Sonnabend wird vor Schluß der letzten Stunde der Raum aufgenommen, Ordnung geschaffen, alles zum Nachhausegehen fertig gerüstet und nun im »Kreise« das Wochenleben überblickt. Unfrieden wird geschlichtet oder was sonst an Trennendem etwa bestand, beglichen und darauf vom Gruppenführer je nach Stimmung, Eingebung oder Vorsatz nun ein alle vereinender und ergreifender Abschluß der Wochenarbeit gegeben.

Dazu kommen im ganzen unserer Schule folgende Anlässe:

Aus dem Schulganzen

Die, freilich seltene, Veranstaltung der Schulgemeinde zur Behandlung mehr äußerlicher Ordnungsfragen, die alle angehen; die gemeinsame Montagmorgenfeier; die Aufnahmefeier für die Kleinen, die zu Ostern neu eintreten, eine Feier, an der sich alle Gruppen beteiligen; die halbjährige »*Pädagogische Rundschau*«, in der Regel Ende Oktober und März: ihr Zweck ist, den Schülern einen Überblick über die ganze Schularbeit des voraufgehenden Schulhalbjahres zu geben. Die Gruppen bestimmen selber, worüber sie berichten wollen und wer den Bericht erstatten soll; nahezu jedes Gebiet wird erfaßt, dazu werden Vorträge aller Art, Spiele, Musik und Gesang geboten, so daß ein ganzer Vormittag ausgefüllt ist. Jede Gruppe macht zudem für die andern eine Ausstellung des ihr besonders wichtig Erscheinenden aus ihrer jüngsten Schularbeit und führt die besuchenden Kameraden in die ausgestellten Arbeiten ein. Es sei nur nebenher hier angemerkt, welche starken Anreize für die Unterrichtsarbeit der Schule von dieser Veranstaltung ausgehen. Die Ordnung des ganzen Ablaufs dieser Veranstaltung liegt in der Hand der Schülerschaft; sie fand jedesmal den würdigsten Verlauf. Dazu tritt auch bei uns das Weihnachtsfest, für das die Vorbereitungen vom 1. Dezember an das ganze Schulleben immer mehr bestimmen, im Juli das Sommerfest. Der Grundsatz, weitgehendste Selbstbestimmung der Kinder auch in allen diesen Veranstaltungen, des erzieherischen Zwecks halber, zur Geltung kommen zu lassen, ward mit Erfolg eingehalten und bestimmte uns, auf diesem Wege immer vertrauender weiterzugehen.

Ich nenne sodann die Nötigung zur inneren Auseinandersetzung mit den »Übergängen« in andere Gruppen; die Schulwanderungen, die Schulreise im Sommer. Etwas Besonderes im Leben der Jenaer Universitätsschule bildet die Feier des Schulgeburtstages am 9. Dezember zur Erinnerung an die Gründung der Schule durch *Carl Volkmar Stoy* (1844), Pestalozzianer und zugleich echtester Schüler Herbarts. An diesem Tage werden die zu Ostern neuaufgenommenen Schulanfänger feierlich in Gegenwart der Eltern in die Schulgemeinde aufgenommen und beteiligen sich fortan auch an den Montagsfeiern. Sie werden unter Einhaltung fester Formen von ihren »Paten« in den Schulsaal geleitet und nach einer kurzen Feier verpflichtet.[33]

Patenschaften

Als Paten haben sich während der Zeit nach Ostern ältere Schüler gefunden, d.h. solche, die sich besonders für diesen oder jenen neuen Kameraden interessieren, die sich nun entschließen, ihm während der nächsten Schuljahre zu helfen, sich in das Schulleben einzuordnen, wo es ihm zu schwer werden sollte, aber auch in allen anderen Angelegenheiten zum kameradschaftlichen Dienst besonders bereit sind. Ich führte diese Patenschaften ein, um die leicht entstehende Kluft zwischen den Kindern der ersten und der letzten Schuljahre zu überbrücken, und habe guten Erfolg gehabt.

Bei allen gemeinsamen Feiern sitzen die Großen neben ihren Patenkindern auf festen Plätzen, die eine Ehrung innerhalb der

33 Beschreibung der Feier und das Gelübde siehe Petersen, Schulleben und Unterricht usw. 1930, S. 74f.

Schulgemeinde bedeuten. Sollte für ein Kind eine schwierige Erziehungsperiode eintreten, so ist sein Pate derjenige, an den sich der Gruppenführer wenden kann, zu dem er den Jungen, das Mädchen schickt, um neben seinem Paten zu arbeiten, bis die nervöse Spannung oder was sonst an, für uns und jeden, Unerklärlichem in dem Kleinen treibt, vorüber ist. Irgendwelche Spuren von Überheblichkeit den Jüngeren gegenüber konnten wir niemals beobachten. Solche Paten wären von der Gruppe, der sie angehören, niemals gewählt oder in diesem Ehrenamte geduldet noch von der Untergruppe ertragen worden. So haben sich diese Patenschaften als ein sehr wertvolles Hilfsmittel der gegenseitigen Erziehung erwiesen, von dem wir ohne Nötigung nicht wieder abgehen werden.

Auch diese Patenschaften sind nichts »Arrangiertes« (s. oben S. 26f.); die Paten sind nicht »bestellt«, sie werden auch nicht von den Lehrern oder dem Leiter bestimmt, sondern – als wir zum ersten Male *frei* gewachsene menschliche Beziehungen zwischen den Größeren und den Kleinen sahen, da griff ich diese Erscheinung des Schullebens damals auf. Sie hat sich erhalten, weil sie nun »gute Sitte« wurde und weil wir Jahr für Jahr sehen, daß von *uns* aus nichts dazu getan zu werden braucht, sie zu erhalten. Sobald das bemerkt werden würde, würden wir die Patenschaften eingehen lassen. Unsre Beobachtungen zeigen nun aber auch etwas wesentlich anderes, als sie z.B. Karl Fuxloch[34] in seinem Studium des Verhältnisses der Knaben zu den Mädchen und der Größeren zu den Kleineren festgestellt hat. Kein Knabe machte sich in Jena lächerlich, weil er mit Kleineren spielte, und das Mädchen zog nicht in der Regel die jungen Knaben als Spielkameraden vor, sondern ebenso häufig, ja weit eher, die kleinen Mädchen – immer soweit wir die Verhältnisse des Schullebens betrachten. Das wäre demnach nur ein weiterer Beleg dafür, daß es tatsächlich ganz entscheidend auf die Schul-

34 Karl Fuxloch, Das Soziologische im Spiel des Kindes, 1930, siehe S. 47, 58.

gesinnung ankommt, welche Feststellungen wir dem Psychologen und dem Soziologen zu machen ermöglichen. Sie zeigen uns, wie wir – die Pädagogen – sind! Das ist es.

Eingehender als hier möglich, wäre das zu betrachten, was die Unterrichtsgegenständlichkeit und das »Unterrichtsleben«[35] auch an sozialethischen Bildungswerten enthalten und warum sie diese enthalten.

Die Eltern in der Schule

Alle Führung in Zucht und Unterricht gewinnt in einer Jena-Plan-Schule ihre letzte Kraft unverkennbar aus der Tatsache, daß offen vor den Augen aller Kinder die Lehrer mit den Eltern zusammenwirken, Schule und Elternhaus ineinandergreifen und so das beste Bündnis geschlossen wird, in dessen Schutz überhaupt eine Schule gedeihen kann, die *Schulgemeinde.*

Schulen nach dem Jena-Plan sind in erster Linie Familienschulen, d.h. obwohl öffentliche Staatsschulen, so verstehen wir sie in ihrem Sinn und tiefsten Gehalt als Einrichtungen, um die Familienerziehung zu ergänzen, fortzuführen und enger und enger mit dem gesamten Kulturleben zu verbinden, damit die junge Generation organisch in die sozialen Ordnungen und die Arbeitswelt ihres Volkes hineinwachse. Ihre Lehrer bejahen bewußt und willig diesen Dienst an den Familien als *ihren* Volksdienst; sie wissen vor allen Dingen, daß sie sich niemals zum Range von *Erziehern* erheben können, wenn sie nicht in der Bescheidung dieses Dienstes ihren »Stand« und ihren Rang innerhalb einer Volksgemeinschaft aus solchem Dienste an den Kindern täglich neu gewinnen.

Nur wenn die Schulen sich einen echten Zusammenhang mit

35 Es sei verwiesen auf die Kapitel in Petersen, Schulleben und Unterricht usw., bes. auf S. 95ff.

den Eltern der Schüler sichern, einen diesen beiden erziehenden Kreis gemeinsamen Bezirk voller Lebenswirklichkeit herstellen, können die Schulen mehr und mehr den Charakter der Unterrichtsanstalt verlieren und zu Erziehungsstätten werden, in denen nun das Unterrichtliche sich natürlicher, damit auch wirksamer einfügt. In diesem Bezirk begegnen sich beide Erziehergruppen offen und frei, hier halten sie sich mit Willen ansprechbar für alles, was aus der wahrhaften pädagogischen Sorge um ein Kind heraus die eine oder die andere Seite bedrängt, sich auszusprechen, sich beraten, aber auch mahnen und tadeln zu lassen. Meine über dreißigjährigen Beobachtungen und Erlebnisse bezeugen es mir, daß jede erzieherische Möglichkeit sofort dann entschwindet, wenn Lehrer oder Eltern die Fähigkeit verlieren, sich in dieser vollen Offenheit ansprechen zu lassen, Menschliches-Allzumenschliches dabei nicht mehr ertragen können oder aus einem selbstherrlichen Gefühl heraus sich dem anderen Teile verschließen. Dann vergrößert sich die Distanz zwischen den beiden Gruppen, die hier gemeinsam denken, planen und angreifen sollten, so sehr, daß sich die Seelen nicht mehr berühren, sondern in ihren Empfindungen für einander und in ihrem Verständnis für die gemeinsame Aufgabe zu ersterben beginnen. Dann mag auf seiten des Elternhauses Verbitterung, ja Erbitterung entstehen; verschmähte Liebe, möchte man sagen, wandelt sich auch hier schnell um in Haß; und im Erzieher, der es mit heißem Herzen ist, erhebt sich jene furchtbare Ratlosigkeit, wie sie einen Menschen anfällt, wenn man glaubt zu wissen, was nun gerade zu eines anderen Menschen Heil geschehen müßte, sich aber alle Wege verschließen, um gerade tun zu können, was man doch für so nötig hält. Es ist auch nur derjenige noch Erzieher, in dem diese brennende Sorge glüht und dieses Weh in der Erkenntnis, nicht helfen zu können, wo man nicht nur helfen möchte, sondern auch mit dem Gefühl dasteht, man könne helfen.

Selbst wenn der Trost bleibt und sich in längerer Erfahrung verstärkt, daß um ein Kind noch höhere, heilsam führende und schützende Mächte stehen als die, welche Menschenwitz ersinnen kann, so nagt doch das Erlebnis, daß man, in diesen Stand gestellt, an seinem Platze nicht genügte, also das Erlebnis seiner menschlichen Unzulänglichkeit. Menschen, in denen dieses Erleben das Jasagen zum Beruf eines Erziehers, also das Jasagen auch dort noch ermöglicht, wo das Leben selber zu einem nein gesagt hat, werden dann allerdings innerlich wachsen und reifen – Eltern und Lehrer gleicherweise.

Wird diese Ansicht von der Schule ganz ernst genommen, so stellen sich die bekannten Verzahnungen ganz natürlich her und verlieren jeden Schein einer »Organisation«. Es kommt dann alles eben so. Die Schulstuben sind den Eltern jederzeit geöffnet. Eltern sind Mitarbeiter, wo sie sich nur einordnen können in Unterricht und Feier, in Werkstatt und Garten, auf Wanderungen und Reisen. Solche Schulen bieten weniger das Bild einer wohlorganisierten »Zusammenarbeit« – ja, das soll es eben nicht nur sein –, sondern sie ist ein Ort, an dem Familien und Erzieher zusammen *leben*. Deswegen sind die Familien, so viele es jeweils können, und die, welche gerade besonders geeignete Kräfte für bestimmte Aufgaben bergen, jedesmal einfach da, wenn es gilt, dies oder das zu tun. Der »Anruf der Lage« setzt immer die rechten Kräfte in Funktion, und so entsteht das, was Schule sein sollte, wenigstens soweit es Schule eben sein kann: ein »Lebenskreis«, eine Gemeinschaft.

V. Planlegung und Probleme des Unterrichts

A.

Lernformen des Unterrichts

Der Unterricht ist in die Schulgemeinde als eine sich selbst erziehende Gemeinschaft einzuordnen und hat sich stets als das Zweite zu betrachten. Deswegen nenne ich Unterricht im pädagogischen Sinne jene Summe von absichtsvollen und sinnhaften Veranstaltungen, die mit Ehrfurcht vor dem Leben und unter der Idee der Erziehung zu Fertigkeiten, Kenntnissen und Bewußtsein *führt*. Damit ist bereits angedeutet, daß der Ausgangspunkt aller unterrichtlichen Arbeit das natürliche Lernen, der freie Bildungserwerb ist, daß sich alles Kunstlernen oder Aufgabelernen soweit wie irgend möglich an das natürliche Lernen anzuschließen, dessen Formen und Situationen nachzubilden hat.[36] So muß auf jedes zwangsmäßig gleichmäßige Fortschreiten der Schüler in den Fächern verzichtet werden. Es wird gelernt einzeln oder in kleinen Lerngruppen (s. oben S. 52ff.); unter verschiedenen, den Lebensaltern sich anpassenden, Formen des »Gruppenunterrichts«, d.h. verbindlich für die Stammgruppe, in Kursen zum rein fachlichen Lernen, verbindlich für Niveaugruppen, oder in »Wahlkursen«, zu denen sich

36 Den Übergang solchen natürlichen Lernens von der Vorschulzeit in das ganze erste Schuljahr hinein zeigt am Beispiel des Rechnens: Doris Jaehner, Selbständiges Rechnen des 2–7jährigen Kindes im Elternhaus und ersten Schuljahr, Weimar 1932, bes. S. 73–110 der Bericht aus der Universitätsschule von Dr. Else Müller-Petersen. Außerdem eingehende Darstellungen in: Petersen, Die Praxis der Schulen nach dem Jena-Plan, Weimar, 1934.

Schüler verschiedener Gruppen frei melden, verbindlich für die vorgesehene Zeit; diese letzteren werden nach Lehrstoff und Zeitdauer bekanntgegeben, worauf zur Meldung aufgefordert wird usw. (s. unten S. 90ff. den Wochenarbeitsplan).

»Elementargrammatik«

Überall tritt derselbe erste Grundsatz hinsichtlich der methodischen Führung im Unterricht hervor: den Kindern wird für jedes Fach, jede Technik die »Elementargrammatik« übermittelt, durch deren Beherrschung sich ein Kind, jeder Mensch, den Zugang zu dem betreffenden Stoffgebiet erarbeiten kann, weitgehend – freilich nach den Begabungen verschieden schnell, weit und tief – allein. Sonst tritt das Kind mit der Forderung nach Hilfe durch Belehrung an den Lehrer oder einen Mitschüler heran, wird aber ebensogut von dem, jedes in seinem individuellen Fortschreiten beobachtenden und sorgfältig verfolgenden Lehrer in dem als richtig erkannten (nach all unsern Erfahrungen!), sehr vorsichtig zu wählenden Augenblick von sich aus angeleitet. Ist uns doch das Problem der *»Führung im Unterricht«*, der wirklich auf der rechten Selbständigkeit und Selbstverantwortlichkeit des Kindes ruhen soll, ein stetes Problem erster Ordnung, an dem unsere Beobachtungen und Erwägungen kaum je zum vollen Ende kommen dürften; denn hier offenbaren sich pädagogischer Takt und von ihm beherrschte didaktische Kunst in ihrer Bezogenheit auf die Individualitäten Lehrer und Schüler, und die Mannigfaltigkeit dieser Beziehungen wird niemals auf eine Formel, ja kaum je auf mehr als grobe Typen zu bringen sein.[37]

37 Peter Petersen, Führungslehre des Unterrichts, 1937.

Freies Fortschreiten

Sobald die Elementargrammatik beherrscht wird, darf das Kind frei arbeiten, und immer in eben dem Umfange, wie es sich die grundlegenden Kenntnisse und Geschicklichkeiten erworben hat, steht ihm der Zugang zu allem Material und allen Werkzeugen, Maschinen, Lernmitteln usw. frei. Da kein Kind von irgend etwas ausgeschlossen ist, anders als auf Grund seiner mangelnden Interessen und Kenntnisse zur Erarbeitung des betreffenden Gebietes, da jedes weiß, sobald ich will, wirklich ernstlich will und auch kann, darf ich mich an einen der Lehrer der Schule wenden und er wird mich einführen, so erlebten wir keinerlei Mißbrauch. Ein Kind kommt nicht auf den Gedanken, mit Werkzeugen, Maschinen dumm zu spielen, wenn es deren Ernst und Bedeutung kennengelernt hat und zugleich weiß, daß es sofort bei starkem Drang und Eignung deren rechten Gebrauch erlernen und sich damit Quellen echter Freude und die Fähigkeit, Wertvolles und Zweckmäßiges zu schaffen, erschließen wird. Es kann dem normalen Kinde beträchtlich mehr Einsicht zugemutet und ihm unendlich mehr Vertrauen geschenkt werden, als es die alte Pädagogik immer noch wahr haben will.

Werkgrammatik (nach Dr. Arno Förtsch)

Das wirkliche Gestalten zeigt in jeder der drei Gruppen ein anderes Bild.

a) In der *Untergruppe*, durch 1.–3. Schuljahr, ist die Werkarbeit rein phantasiebetont. Durch konkrete lebensvolle Berührung mit den Dingen wird der Symbolcharakter der Sprache belebt. Bestimmte Themen werden nicht gestellt. Es heißt also nicht: »Formt alle eine Birne«, oder: »Klebt alle ein Pferd!« Die Kinder gestalten, was sie wollen. Sie zeichnen, malen, bauen und gestalten in Ton, Papier, Karton, dünner Pappe und Bast. Der Lehrer ist nur Organisator der Arbeitsmöglichkeiten und des Raumes. Bei der Arbeit selbst gibt er nur klare technische Hinweise.

b) In der *Mittelgruppe*, dem 4. bis 6. Schuljahr, wird im werklichen Gestalten die Einschulung zur Hauptaufgabe, damit in der Obergruppe auch im Werkschaffen sich freie Arbeitsgemeinschaften bilden können, d.h. daß dann die 13- und 14jährigen Zeit und Gelegenheit finden zu freier, aber sinnvoller Material- und Werkzeuganwendung. Nach unseren Beobachtungen haben besonders 10- und 11jährige Kinder den starken Wunsch, neue Techniken kennenzulernen. Aus diesen Erwägungen heraus erfährt hier die Selbsttätigkeit der Kinder eine gewisse Einschränkung. Bei der Erarbeitung neuer schuleigener Techniken führt der Lehrer, und die Gruppe arbeitet »in einer Front«. Wir bauen zunächst weder Kästen noch Mappen, weder Zahnbürstenbretter noch Gartenstühle, weder physikalische Apparate noch germanischen Waffenschmuck. Mit Reststücken verschiedenster Materialien und entsprechenden Werkzeugen gilt es hier, das technische Elementarwissen und -können unabhängig von irgendwelchem Gegenstandbauen herauszuarbeiten. Durch diese »Werkgrammatik«, die sich auf die Holz-, Metall-, Papp-, Glasarbeit und die Zeichen- wie Schrifttechniken erstreckt, lernen die Kinder die wichtigsten Werkgesetze kennen und anwenden und werden dadurch später ihre individuellen Arbeiten vor Pfuscherei bewahren.

Bei der technischen Einschulung spielt die Werkzeug- und Materialkunde eine Hauptrolle. – Eine Differenzierung nach leichter und schwerer Holzarbeit ist überflüssig, da nach unsern achtjährigen eingehenden Untersuchungen und Beobachtungen der Raum, der *lediglich* mit Hobelbänken und entsprechenden Werkzeugkästen ausgestattet ist, keine Daseinsberechtigung in der Volksschule hat.

c) Nachdem die Werkgrammatik in der Mittelgruppe in der Hauptsache erarbeitet worden ist, kann in der *Obergruppe*, dem 7.–8. Schuljahr, das Kind die Techniken frei anwenden (der freie Werknachmittag, die »offene Werkstatt«, bietet dazu auch den anderen Gelegenheit). In dem Umfange wie die technisch-werklichen Kenntnisse und Fertigkeiten erworben wurden, steht nunmehr die Benutzung von Material, Werkzeug, Maschinen und Arbeitsmitteln frei. Jedes Kind weiß, daß, wenn es ernstlich will, aber in besonderen Fällen nicht kann, der Lehrer ihm hilft. Mißbrauch haben wir nicht erlebt. Auf diese Weise wird eine innige Verbindung des zeichnerisch-werklichen Gestaltens mit dem gesamten Schulleben und der Arbeit möglich. Hier muß der Lehrer die Früchte der technischen Einschulung bis zu einem gewissen Grade reifen sehen.

Einige schwierige Techniken (Drechslerarbeiten, Ätztechniken u.a.) bleiben dann für besondere freiwillige Arbeitsgemeinschaften der »Obergruppe«.[38]

Das »gruppenunterrichtliche Verfahren«

Die Jenaer Versuche gingen 1924 auf unterrichtlichem Gebiete aus von den sog. arbeitsschulischen Methoden und von dem, was unter dem vieldeutigen Namen »Gesamtunterricht« geht. Es war jedoch von Anfang an klar, daß diese alle nicht mehr Methoden in der Hand des *Lehrers* bleiben konnten, sobald sich innerhalb der Stammgruppen das Arbeiten in den *frei* sich bil-

38 Vgl. für die Gestaltung dieses Unterrichts in allen Einzelheiten Petersen/Förtsch, Das gestaltende Schaffen im Schulversuch der Jenaer Universitätsschule 1925–1930, Weimar 1930, und: Arno Förtsch, Freies Werkschaffen und Gestaltungstypen, Weimar 1933.

denden *Tischgruppen* entwickelte. Jeder, der sinnvoll nach der Schulgesinnung des Jena-Planes arbeitete, mußte auf jeden Fall danach streben, dieses methodische Gut irgendwie in die Hände der Schüler selbst hinüberzubringen, damit sie das beste, zweckmäßigste Arbeiten an den verschiedenen Stoffen erlernen könnten. Das Bestreben mußte also sein, die Schüler beste Lernmethoden für die Einzel-, Gruppen- und Gesamtarbeit der ganzen Gruppe zu lehren, damit sie von *diesen* gehandhabt würden. So begann überall das individuelle sowie das gemeinsame Fortschreiten in den frei sich bildenden Tischgruppen innerhalb der Schulwohnstube.

In der Untergruppe sind dem Gruppenunterricht vor allen Dingen das Lesen, Schreiben und Rechnen überwiesen, derart, daß in jeder der Blockstunden mindestens einmal gewechselt werden sollte. Alles, was gemeinsam getrieben werden muß, wird dem »Kreis« zugewiesen, der zweckmäßig zu Beginn der ersten oder der zweiten Blockstunde liegt, weil das den Übergang vom Kreis zum Gruppenunterricht, das Umstellen der Tische und Stühle erleichtert.

In den anderen Gruppen werden die von der Kultur- bzw. von der Naturwirklichkeit her bestimmten Gebiete sowie die »Gestaltungslehre« nach dem »gruppenunterrichtlichen Verfahren« bearbeitet (Stoffgebiete siehe unten S. 102ff.). Nach gemeinsamer Besprechung des neuen Arbeitsgebietes werden die Arbeitsmittel und Arbeitswege einzeln oder mit den Tischgruppen besprochen und es setzt über Monate hin ein vielgestaltiges Schaffen am Stoff ein. Sobald die ersten Ausarbeitungen fertiggestellt sind, beginnen Berichte mit anschließenden Aussprachen zur Erweiterung und Vertiefung, aber auch zur Befestigung des für alle Wissenswerten aus dem abgehandelten Teilgebiet, und dies wiederholt sich so lange, bis eine (natürlich immer nur sehr relative) Erschöpfung des Themas erreicht ist und sich das Verlangen oder das wohlempfundene Bedürfnis nach einem neuen Gebiete einstellt oder der Lehrer aus seiner, immer ja übergeordneten Einsicht heraus, den Übergang für geboten hält.[39]

Gegenseitige Hilfe im Unterricht

Ebenfalls äußert sich hier die gegenseitige Hilfe spontan. Ein Kind der führenden Gruppe für das betreffende Stoffgebiet nimmt sich eines oder zweier der passiv eingestellten Kameraden an. Dabei offenbaren sich wiederum echte Wesenszüge der Kinder, sowohl in der Art und Weise, wie ein Kind sich der anderen annimmt, als darin, welcher Kinder es sich annimmt, nach welchen instinktiven oder bewußten Neigungen es die Wahl seines kleinen »Gefolges« trifft. Zugleich zeigt sich der Vorteil einer Vereinigung verschiedener Lebensalter für solches gegenseitige Helfen innerhalb der Gruppe. Besonders überraschende Erfolge erzielte z.B. ein fünfwöchiger Schriftkursus von wöchentlich zweimal reichlich 1½ Stunden, zu dem sich die Unter- und Mittelgruppe auf eigenen Wunsch verbanden. Die Kinder paarten sich zu gemeinsamem Üben ganz nach Belieben in den beiden Gruppenräumen. Dabei förderte das reifere Kind das jüngere, und unter dem Einfluß des Gefühls gegenseitiger Verantwortlichkeit, des wohltuenden Zusammenarbeitens und Zusammensitzens mit seinem Freunde, seiner Freundin, des Arbeitens im »anderen« Raume, das ja immer eine Fülle schwer zu bestimmender Gefühle auslöst, sahen wir eine intensive, beste Ergebnisse fördernde, von keinen Störungen irgendwie gehemmte Kursarbeit, die Lehrer wie Kinder gleicherweise beglückte. Bis dahin kannten wir nur die Wirkungen der Mitarbeit

39 Vgl. Petersen, Die Praxis der Schulen nach dem Jena-Plan, 1934, S. 67–114: »Das gruppenunterrichtliche Verfahren«; weitere Beispiele S. 21–40; 181–225; 262–287 usw.

der Großen bei den Kleinen oder der Arbeit eines Kleinen neben seinem Paten, also am Tische und im Raume der Großen.

Fremdsprachlicher Unterricht

In der fremdsprachlichen Kursarbeit kann nach dem einführenden, für alle verbindlich, wohl auch teilweise in der Form eines gebundenen Unterrichts, erteilten Vorkurs nach etwa 4–5 Monaten die Aufteilung der Gruppe einsetzen, mindestens in zwei Abteilungen, von denen die erste das Jahrespensum einer höheren Schule bei weniger Wochenstunden in Dreiviertel der Zeit erledigt, der Rest ebenmäßig fortschreitet. Der Zutritt zum Kurs ist nicht abhängig vom Lebensalter, da es keine stichhaltigen Gründe dafür gibt, daß das Erlernen einer Fremdsprache nur in diesem oder jenem Lebensjahre zu beginnen habe. In der Tat mischten sich schon im ersten Kursus Kinder des 4.–7. Schuljahres in beiden Abteilungen. Als notwendig aber erweist es sich, die Lernmittel anders zu gestalten, da auch die besten Lehrbücher für den Anfangsunterricht zu sehr auf den Klassenunterricht eingestellt sind. Die Volksschule wird, selbst bei gehobenen Zügen, nach diesem gruppenunterrichtlichen Verfahren stets nur zwei Kurse zu drei Stunden einzurichten haben, einen Einführungskurs, in dem sie sprachlich Begabte des 4.–6./7. Schuljahres sammelt, und den Oberkursus. Der jeweils neue Kursus kann nach Bedarf alle 1, 1 1/4, 1 1/2 oder 2 Jahre angesetzt werden. Jede andere Organisation führt auch zu einer finanziellen Belastung, die zumeist eine Einrichtung solcher Kurse erschweren, ja verhindern wird.

Übungskurse[40]

Aufgabe der Kurse ist es im besonderen auch, der notwendigen Übung zu dienen und der festen Einprägung dessen, was um der »allgemeinen Bildung« willen heute zu wissen nötig ist, den »eisernen Bestand« zu übermitteln. Wir wünschten, daß der »Mindestlernstoff« für Rechtschreibung, Erdkunde und Geschichte herausgearbeitet wäre, eine Aufgabe, die für das Rechnen Herr Dr. Gerhard Steiner auf der Grundlage des »Individuellen Rechnens« von Carleton Washburne im Geiste der deutschen Überlieferung des Rechenunterrichts geleistet hat.[41]

Individuelle Entwicklung im allgemeinen

Auf die individuelle Entwicklung eines einzelnen Kindes gesehen steht es so, daß es im ersten Schuljahre und bis in das vierte hinein, gebunden an die Tischgruppe und die Gruppengemeinschaft, wesentlich individuell weiterschreitet und daß sein freies Lernen umrahmt wird von einem »Kreis«, dessen Inhalt auch von den Kindern aus bestimmt werden kann. Im dritten Schuljahre setzt in der Regel ein erster heimatkundlicher Kursus ein, und mit dem 4./5. Schuljahre mehren sich die Kurse, sie werden dann auch zunehmend von den Kindern selber verlangt. Es setzt sich eben jetzt die Besonderung der Begabung stärker durch und verlangt nach technischer Belehrung und fachlicher Nahrung. Mit dem 8./9. Schuljahre sind dann die beruflichen Interessen bereits so stark, daß zu ihrer Befriedigung für reichlichere Kurs- und Eigenarbeit gesorgt werden muß. So unterscheide ich im Blick auf die Volksschulzeit von 10 Jahren die drei Perioden: Zeit

40 Über die Arten und Gestaltung der Kurse s. »Die Praxis der Schulen usw.«, S. 115ff., 297ff., Führungslehre des Unterrichts, 1937, Kap. III, 5.

41 Petersen/Steiner, Meine Rechenreise, 1934, Stuttgart (Franck'sche Verlagsanstalt).

der allseitigen harmonischen Ausbildung, die Vorlehrzeit (»pré-apprentissage« nach Ad. Ferrière), eigentliche Lehrzeit, Zeiten, die für das einzelne Kind ganz verschieden früh einsetzen.

Arbeitspläne

Die Arbeitspläne der Gruppen schwingen in einem dreifachen Rhythmus: dem des Tages, der Woche und des Trimesters bzw. des Jahres, anschließend an die bekannten, in vielen Lehrbüchern der Psychologie wie der Didaktik mitgeteilten Arbeitskurven. Allein, soweit ich bis heute beobachten kann, stimmt für unsere Schularbeit lediglich die Wochenarbeitskurve, keineswegs die Tages- oder die Jahreskurve. Es zeigt sich eben auch hier, daß die psychologische Forschung in der Schulstube nachlaufende Arbeit ist und daß sich ihre »Ergebnisse« ändern müssen, sobald der Pädagoge die Arbeitsformen und die Arbeitswelt der Schule ändert. Zur Pause s. oben S. 47ff.

Der Wochenarbeitsplan

Weniggegliederte Schulen können am leichtesten den Plan rein durchführen.[42] Es sei nur dabei bemerkt, daß natürlich kein Zwang bestehen kann, die sog. kulturkundlichen, naturkundlichen und gestaltenden Gebiete gerade in dieser Reihenfolge anzuordnen; mir scheint allerdings hier eine innere Ordnung zu bestehen, die der vorgeschlagenen Reihenfolge einen Vorzug gibt.

Nur einige Begriffe bedürfen noch der Erläuterung.

Nach Bedarf werden in den letzten Unterrichtsstunden der ersten drei bis vier Wochentage sog. »Einschulungskurse« oder rei-

42 Siehe die Arbeitsberichte solcher Schulen in: »Die Praxis der Schulen nach dem Jena-Plan«, 1934. Vgl. oben S. 87 Anm.

ne »Übungskurse« eingeschoben. Es kann sich z. B. ergeben, daß ein Teil der neu in die Mittelgruppe eintretenden Kinder, oder auch alle, in den Gebrauch des Atlasses eingeführt werden muß oder in irgendeine Arbeitstechnik; alsdann wird man alle diese Schüler zu einem Kurs zusammenfassen und mit ihnen systematisch das Fehlende aufarbeiten, während die übrigen Kinder weiterarbeiten oder nach Hause geschickt werden. Auch in solchen Kursen wird nicht in gleicher Front schematisch gearbeitet, sondern es bleibt jedem Kinde freigestellt, ob es nicht auf eigene Faust daheim oder im Laufe der Woche von sich aus selbständig oder mit Freundeshilfe den Anschluß finden will. Sorgt nun der Lehrer ernstlich, daß immer dieser Grundsatz in Kraft bleibt, dann wird auch er es erleben, wie schnell solche Einschulungskurse gleichsam zusammenschmelzen und die unterrichtlichen Fähigkeiten älterer Kinder ihm viel Arbeit abnehmen.

Zu »Übungskursen« wird ebenfalls ganz nach Bedarf ein Teil oder die ganze Gruppe zusammengefaßt werden können, etwa wenn sich innerhalb des Gruppenthemas besondere rechnerische Aufgaben ergeben, die reichlichere, an *alle* sich wendende Erklärungen durch den Lehrer oder doch jedenfalls seine planmäßig fortgesetzte Überwachung während der gemeinsamen Erörterung erfordern. Es ist dann natürlich, nicht brüsk, unorganisch, die Gruppenarbeit zu unterbrechen; man wird in der Gruppe alsdann für diese Dinge einige Wochen hindurch diese oder jene letzte Stunde ansetzen. Ebenfalls, sobald sich eine Verschlechterung der Handschrift zeigt, setzen wir stets einmal wöchentlich für ein Vierteljahr oder ein ganzes Trimester einen Schreibkursus an, oder auf der Mittelstufe beginnend, etwa alle zwei Jahre, einen Kursus für Zierschrift. Solcher Kursus gibt dann starke Anregungen für schmückende Beschriftung in Heften, für Programme, Einladungen, Zeichnungen usw.

Unter »Gestaltungslehre« ist zusammengefaßt, was sonst unter Zeichnen und Werkunterricht verstanden wird. Sie ist heute überall möglich, auch dort, wo man keine eigenen Werkstätten besitzt. Besonders für Herbst und Winter sind alle neueren Anregungen zur »Gestaltungslehre« aufzugreifen und bei etwas eigener Erfindungsgabe nach der Seite des Materials wie des Gestaltens selber von Lehrern und Schülern noch reich auszubauen. Jedenfalls darf das Fehlen von Handwerkszeug und von Material nach dem Erscheinen des Werkes von *Alfred Ehrhardt*[43] nicht mehr als Entschuldigung dienen. Ebenso hat der Jenaer Versuch einen Arbeitsgang der sog. »Werkgrammatik« (s. S. 83f.) entwickelt, so einfach und im Materialgebrauch so bescheiden, daß sich überall genug Abfälle aller Art finden lassen werden, um diese Einschulung vorzunehmen. An anderen Orten wird guter Ton gefunden, und damit eines der wichtigsten Gestaltungsmittel für jede Schule.[44]

Alle 4–6 obligatorischen Kursstunden für Rechnen und Sprachlehre müssen zur gleichen Zeit liegen und währen 55 Minuten; ohne eigentliche Pause geht es hinüber zum Gruppenunterricht, in dem die Kinder sich frei bewegen und gruppieren.

Von großem pädagogischen Werte ist es, daß die Lehrer einer mehrgruppigen Schule außer der eigenen Gruppe in einigen Stunden die Führung einer der anderen Gruppen übernehmen. Denn niemals wird ein Lehrer imstande sein, auch nur annähernd allen Kindern seiner Gruppe zu sein, was er ihnen sein möchte und sollte. Deswegen sollte man aus pädagogischen Gründen, und nicht aus Fachgesichtspunkten, an einem Tage in der Woche auswechseln und dabei jeden Kollegen gerade das in der anderen Gruppe übernehmen lassen, für das er selber ein besonderes Interesse oder besondere Begabung besitzt. Wir wählten seit 1925 den Freitag zum Austausch der Lehrkräfte.

43 Alfred Ehrhardt, Gestaltungslehre. Praktische Anleitung zu einem zeitgemäßen Kunst- und Werkunterricht. 1932. Mit 137 Abb. 123 S.

44 Martha Bergemann-Könitzer, Das plastische Gestalten des Kleinkindes, 1930. Mit 10 Tafeln. 142 S.

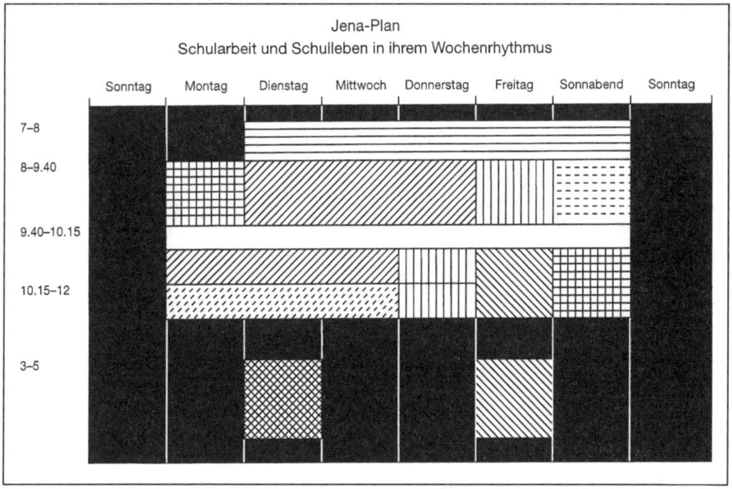
Jena-Plan
Schularbeit und Schulleben in ihrem Wochenrhythmus
Sonntag
Montag
Dienstag
Mittwoch
Donnerstag
Freitag
Sonnabend
Sonntag
7–8
8–9.40
9.40–10.15
10.15–12
3–5

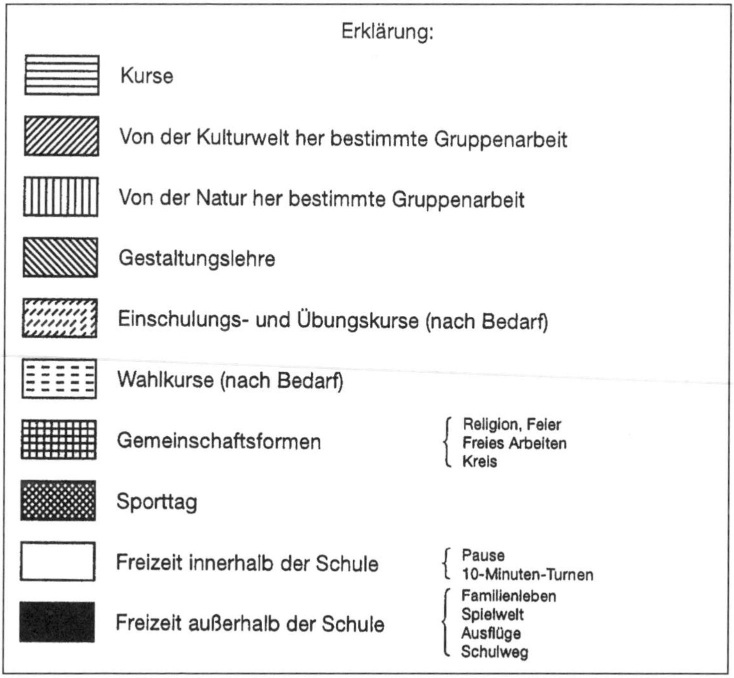
Erklärung:
Kurse
Von der Kulturwelt her bestimmte Gruppenarbeit
Von der Natur her bestimmte Gruppenarbeit
Gestaltungslehre
Einschulungs- und Übungskurse (nach Bedarf)
Wahlkurse (nach Bedarf)
Gemeinschaftsformen
Religion, Feier
Freies Arbeiten
Kreis
Sporttag
Freizeit innerhalb der Schule
Pause
10-Minuten-Turnen
Freizeit außerhalb der Schule
Familienleben
Spielwelt
Ausflüge
Schulweg

	Montag	Dienstag	Mittwoch	Donnerstag	Freitag	Sonnabend
7.00–7.55	Kurse	3.–8. Schuljahr	3.–8. Schuljahr	3.–8. Schuljahr	3.–8. Schuljahr	4.–8. Schuljahr
8.00–9.40	3.–8. Schuljahr Montagmorgenfeier; anschließend ab 8.40 Rel.-U. der Ober-Gr.	2.–8. Schuljahr (1. erst ab 8.45)	2.–8. Schuljahr (wie D.)	1.–8. Schuljahr	1.–8. Schuljahr	1.–8. Schuljahr
9.40–10.15	Pause					
10.15–12.00	1.–8. Schuljahr	1.–8. Schuljahr	1.–8. Schuljahr	2.–8. Schuljahr	2.–8. Schuljahr	1.–8. Schuljahr »freies Arbeiten« und gemeinsame Wochenschlußfeier
10.15–11.10 11.10–12.00		1.+7. 8. Schuljahr	1.+7. 8. Schuljahr	4.–8. Schuljahr	4.–8. Schuljahr	
		Dienstag und Mittwoch von 11.10 bis 12.00 der Einführungskursus für das 1. Schuljahr. Dauer nach Zahl und Begabung der Kinder $^1/_2$–$^3/_4$ Stunde		Für den Rel.-U. der Bekenntnisse empfiehlt es sich, die Zeit am Sonnabend nach der Pause freizugeben. Jedenfalls besser als, wie in Frankreich, durch den schulfreien Donnerstag die Woche psycholog.-didaktisch höchst unglücklich zu zerreißen oder wie in USA, den ganzen Sonnabd. zur Verfügung zu stellen und ebenfalls die Schulwoche sich allzu sehr zu verkürzen (f. weltl. Schulen)	Spielnachmittag für Mittel- und Obergruppe	

Ein- und zweiklassige Schulen sollten alles aufbieten, um die wundervolle Idee der »Landschulengemeinschaft« zu verwirklichen, wiederum um der eigenen Schule neue anregende und belebende Kräfte zuzuführen und ferner ganz einfach um den Ausgleich und Austausch der Führereigenschaften zu bewirken, der für alle Beteiligten gleich heilsam ist. Heute, wo Fahrrad, Motorrad, manchmal auch ein billig erstandener Opel, leichter zur Verfügung stehen, bilden Entfernungen nur selten einen ernsthaften Hinderungsgrund. Selbstverständlich, daß solche Landschulengemeinden auch dann und wann (zum Sommerfest, bei der Weihnachtsfeier) sich als Gemeinschaft öffentlich darstellen und somit ein wertvollstes Mittel werden zur Pflege volkhafter Kultur und Gesinnung.[45]

Wochenarbeitsplan für eine einklassige konfessionelle Schule; bei mehreren Gruppen sinngemäß abzuwandeln. Wochenanfang oder Wochenschluß sollten in jeder Schule gemeinsame Feier sein. Stoffverteilung wie oben S. 90ff.[*]

45 Vgl. Joh. Friedrich Dietz, Das Dorf als Erziehungsgemeinde. 3. Aufl. 1947, S. 164ff.

* Der an dieser Stelle im Original folgende Absatz wurde von Else Müller-Petersen für die 25./26. Auflage 1955 auf die Seite 101 gesetzt.

B.

Die vier Urformen des Lernens und Sich-Bildens*

Bei dem Versuch, die Erfahrungen des Schulversuchs in Jena geschichtlich einzuordnen, ergab sich eine ganz nahe Beziehung zu Fr. Wilh. *Dörpfeld*, einem der größten Didaktiker und Schulmänner des evangelischen Deutschlands nach der Mitte des 19. Jahrhunderts. In den »Grundlagen einer Theorie des Lehrplans«, 1873 (bis heute viele Male aufgelegt), gliedert er die Stoffgebiete der Schule in drei Gruppen: die sachunterrichtlichen Fächer: Religion, Menschenleben und Naturkunde; die Sprache (Muttersprache) mit ihren Fertigkeiten: Reden, Lesen, Schreiben, und drittens die formunterrichtlichen Fächer: Rechnen, Zeichnen, Singen. Das Neue und für uns heute noch Geltende ist seine Forderung, die sachunterrichtlichen oder Wissensfächer zur »Basis des gesamten Unterrichts« zu machen. Gerade auch um des Lernens willen, aber nicht nur deswegen; denn er schrieb bereits 1873 mit Worten, die einer jüngst erschienenen Didaktik entnommen sein könnten, die Wissensgebiete: Religion, Menschenleben und Natur seien nicht bloß Bildungsmittel. »Es sind vielmehr reale Lebenssphären, in welche der Mensch mit seiner gesamten Existenz – nach Leib, Seele, Geist – *hineingepflanzt* ist. Er lebt von ihnen, wie die Pflanze vom Erdboden, von Luft und Licht lebt.« Wenn er sie zur »Basis« des gesamten Unterrichts erheben wollte, so meinte er ausdrücklich damit *nicht* »Konzentration« oder »Zentrum« des Unterrichts, also etwas im Sinne des Herbartianismus, obwohl er sich in seinen Tagen gerade den Herbartianern nahe fühlte, weil er mit ihnen die Idee der Erziehungsschule vertrat. Denn es

* Der ursprüngliche Titel lautete: »Eine Schule ›volkhafter Bildung‹ *(Hördt)*. Die vier Urformen des Lernens und Sich-Bildens«.

handle sich nicht um etwas, das »die didaktische Überlegung um gewisser guter Zwecke willen *ersonnen* hat, sondern um ein durch die Natur der Dinge und die Natur des Geistes *Gegebenes*«[46].

Um dieses sachunterrichtliche Gebiet ordnete er die beiden anderen und wies ihnen neben ihrem Selbstzweck vor allem einen gewichtigen Dienstcharakter zu. »Es sind gleichsam fünf Lichter, welche die sachunterrichtlichen Fächer umstehen und deren Gebiet je von einer besonderen Seite her durchleuchten – oder fünf Organe – denn jedem dieser Fächer entspricht eine besondere Beanlagung des Geistes, zum Teil auch des Leibes – welche die Wissensstoffe in eigentümlicher Weise für die Gesamtbildung verarbeiten und verwerten.«

Wer von diesen Gedankengängen aus den Wochenarbeitsplan der Jena-Plan-Schulen prüft, der stellt fest, wie auch hier die »Basis« von denjenigen Wissenskreisen gebildet wird, in denen der Mensch *lebt*. Um sie herum stehen die Kurse verschiedenster Art. In ihnen erlernen oder üben die Schüler das, was ihnen Mittel liefert, um in die Geheimnisse der Bereiche von Natur, Menschenleben und Religion einzudringen. Sie können dabei gleichzeitig diese Mittel in freiester Form, dem erwachten oder dem in ihnen angelegten individuellen eigentümlichen Streben entsprechend, verwerten, sei es Farbe und Form, Schrift und Zahl, sprachlicher Ausdruck oder technischer und künstlerischer Ausdruck.

Nun hat sich Dörpfeld aber noch im wesentlichen auf die Aufgaben des Unterrichts beschränkt, wie sie in Unterrichts»stunden« unter Leitung des Lehrers zu erledigen sind. Das bedeutet, daß auch er sich im Grunde auf zwei Formen des Bildungserwerbes in der Schule beschränkt, nämlich auf Gespräch (Unterhaltung) und Arbeit. Es fehlen die beiden anderen Urfor-

46 A.a.O. 5. Aufl., 1910, S. 9, 83f.

men, Spiel und Feier. Überschaut man die Entwicklung des letzten Halbjahrhunderts, so sehen wir – unter dem Einfluß von *Karl Groos, Ovide Decroly, Friedrich Fröbel* – das Spiel als Lernform innerhalb der Schule ständig an Einfluß gewinnen und heute allgemein anerkannt werden, wenigstens für die ersten Schuljahre. Die Feier blieb bis heute zumeist als »angeordnete« oder vom Lehrer »gebotene« Feier bestehen, so daß sie als Form bildenden Geschehens keine nennenswerte Rolle spielen konnte.

Wenden wir diese Betrachtungen auf Jena-Plan-Schulen an, so läßt sich alles, was ihnen noch aus der Schule als reiner Unterrichtsveranstaltung anhaftet, abstreiten, und wir finden die vier Urformen: Gespräch (Unterhaltung), Spiel, Arbeit und Feier in einer reineren Gestalt.[47] Das kommt daher, daß in Jena bewußt daran gegangen wird, die Formen des natürlichen Lernens, wie sie vor der Schulzeit allein herrschen, von Beginn der Schulzeit an zu erhalten, innerlich fortzuentwickeln und auch dem, was ich das »Aufgabe-Lernen« nenne, dienstbar zu machen. Sie verteilen sich über die Wochen und Jahre wie folgt:

1. *Gespräch:* Montags- und Sonnabendkreis, Pflege der Unterhaltung (causerie) während des gemeinsamen Frühstücks im Schulraum zu Beginn jeder Pause; »bildende« Unterhaltung im Anschluß an einen Lehrspaziergang oder zur Verarbeitung und Ordnung von Gehörtem, Betrachtetem, Erzählungen, Vorträgen, Berichten von Besuchern u.dgl. mehr; belehrende Unterhaltung zwischen Lehrer und Kindern, zwischen den Kindern selber während der Gruppenarbeit.

2. *Spiel:* die Spielformen des Lernens mit allerhand Material, besonders während der ersten Schuljahre, einschließlich allerlei Bewegungsspiele zum Erlernen wie zum Einüben in Rechnen,

47 Eingehende Begründung in meiner »Führungslehre des Unterrichts«, 1937. Kap. 1: Die pädagogische Situation.

Sprachlehre, Gesang, Dichtung; durch alle Schuljahre hindurch zur »Wiederholung« sehr beliebt: rhythmische und gymnastische Spiele; Turnen und Sport; Pausenspiele; Geländespiele.

3. *Arbeit:* in allen Kursen, während des Gruppenunterrichts und der Gestaltungslehre als Grundform des Tätigseins, in die sich aber, verschieden nach Gegenstand und Schulalter, Spielformen einfügen und in denen vor allen Dingen der »Unterhaltung« Raum gewährt ist, da ja in den Tischgruppen die freie, die gesamte Tätigkeit einer Gruppe durch nicht störende Unterhaltung nicht gehemmt wird. Ferner Arbeit im Schulgarten, in der Schulwohnstube, die es in Ordnung zu halten gilt, und anderes mehr.

4. *Feier:* Montags- und Sonnabendsfeiern; Feier sämtlicher Geburtstage der Gruppenkameraden; an den Festen wie Weihnachten, Karneval, Sommerfest; bei Aufnahme der Schulneulinge nach Ostern, bei ihrer feierlichen Einführung in die große Schulgemeinde am Schulgeburtstage; Feiern, die aus den verschiedensten Stoffgebieten während der Arbeit an ihnen entstehen und zu dramatischer Gestaltung Anlaß geben.

Es ist keiner Schule untersagt, hier weiterzugehen oder entsprechend Brauch und Sitte ihrer Gegend anders vorzugehen. Alles, was im Volkstum des Ortes gut und wertvoll ist, wird in ursprünglicher oder für die Schuljugend geläuterter Form auch in der Schule seinen Platz haben dürfen. Ja, es wird alsbald eine solche Schule suchen und von sich aus so überzeugend wirken, daß sich diese ihr öffnet.

Typische pädagogische Situationen nur der Untergruppe

1. Einführungskurs Di. 12–1.
2. Turnen Mi. 11.15–12.
3. Lehrspaziergänge

4. Frühstück (während der Pause).
5. Gruppenunterricht Di. Mi. Do. 9–10.40.
6. Religiöse Unterweisung Mo. 11.15–12.
7. Freier Werknachmittag Fr. –5.

Kreise:

8.a) Sonnabendkreis 11.15–12.
9.b) Montagskreis 9.35–10.40.
10.c) Freitagskreis 9–10.40.
11.d) Gelegentlicher Kreis.

Feiern:

12.a) Die vom Lehrer gebotene Feier.
Morgenfeier Mo. 9–9.35.
Musik Do. 12–1.

13.b) Die vom Lehrer geleitete Feier:
wie Weihnachten, Sommerfest, Fasching.

14.c) Die vom Lehrer durchformte Feier:
Z.B. die Aufnahmefeier der Schulneulinge, zugleich ein Fest der Einbürgerung der neuen Eltern.

15.d) Die von den Kindern selbständig gestaltete Feier:
Z.B. Geburtstagsfeiern.

16. Pause 10.40–11.15.
17. Schulweg.

Eine schematische Übersicht über den in die Erziehungsgemeinschaft eingefügten Unterricht gibt die Tafel auf S. 102. Man denke sich in solche Tafeln Beobachtungen für je ein Kind durch alle Schuljahre hindurch eingetragen, in eine andere Semesterberichte des Lehrers über die Entwicklung einer Stammgruppe.

Einordnung des Unterrichts in die Schulgemeinde

Schematische Übersicht

A. Die Vorschule des Unterrichts
(Das Gemeinschaftsleben und die Ausdrucksbildung)

Schul-jahr	I. Körper-erziehung	II. Umgang und Sitte	III. Sprache und Gesang	IV. Hand- u. Sinnes-bildung	V. Innerlich-keit (Gemüt)
1.					
2.					
3.					
4.					
5.					
6ff.					

B. Unterrichtsleben und Unterrichtsbetrieb
(Unterricht im engeren Sinne)

Schul-jahr	VI. a) Elementarkenntnisse	b) Gesellschaftswissen oder Herrschafts- und Leistungswissen	c) Persönlichkeitswissen
1.			
2.			
3.			
4.			
5.			
6ff.			

A und B bilden eine Einheit, sie sind in der Schulwirklichkeit völlig in eins verwoben und nur der wissenschaftlichen Analyse halber hier auseinandergezogen.

Die Rubriken I–VI stellen insofern eine Rangordnung dar, als die Aufgaben unter VI erst dann in Angriff genommen werden dürfen, wenn die unter I–V erledigt, zuvor oder gleichzeitig begonnen sind. Vor allem sind die unter I und II umfaßten von allererster Ordnung; mit ihnen hat jede Schularbeit einzusetzen und auf sie für jeden neuen Anfang zurückzugreifen. Desgleichen stellen diese Rubriken die Reihenfolge der Lehrerbeobachtungen und -arbeiten fest, die in jedem neuen Schuljahre einzuhalten ist. Die »Vorschule« des Unterrichts ist nicht im Sinne einer zeitlich, auf bestimmte Schuljahre verlegten Schularbeit zu verstehen. Sie ist vielmehr die Summe jener ständigen Veranstaltungen, welche die *Führung* (die *Pädagogie*) des Unterrichts unter Ehrfurcht vor dem Leben und unter der Idee der Erziehung gewährleisten sollen. Und die Pädagogie des Unterrichts ist wohl zu scheiden von den pädagogischen Aufgaben im Unterricht und während des Unterrichts, also von dem im engeren Sinne Didaktischen.

Die »Führung des Unterrichts« umfaßt alles, was dazu dient, den Unterricht vorzubereiten, kurz gesagt, um die beste unterrichtliche Reizwelt herzustellen. Die »Führung im Unterricht« dagegen hat das gesamte Verhalten und alle Verfahren, Eingriffe usw. des Lehrers während des Unterrichts selbst zu überprüfen.[48]

Mit I bekennen wir uns u.a. voll und ganz zur Forderung, daß der Lehrer das anthropologische Studium des Kindes der

48 Für alle diese Fragen verweise ich auf meine »Führungslehre des Unterrichts«, 1937. Der Band »Die Praxis der Schulen nach dem Jena-Plan«, 1934, enthält u.a. S. 41–66: »Die Führung im Rechenunterricht«; Willi Schneider, Die Führung im gruppenunterrichtlichen Verfahren, 1936, gibt eine erstmalige eindringende Beschreibung dieser reichen und fesselnden Lehrertätigkeit.

Erziehungsarbeit vorangehen lassen sollte, und schließen uns an die Bestrebungen aller führenden Schulärzte und Schulhygieniker sowie der rhythmischen und gymnastischen Schulen an. Hierher gehören ferner Spiel, Wandern, Turnen und Sport usw.

Unter II fällt das bereits oben S. 73ff. eingehend Dargelegte über die Pflege der menschlichen Beziehungen innerhalb der Gruppen und der Schule.

Die unter III gefaßte Pflege der Sprache geht nur auf die beiden ersten Teile der Sprachbildung: das Verstehen der Laute und der Meinung gehörter Worte sowie auf die Bildung der Sprechorgane, sie so in Tätigkeit zu setzen, daß die richtigen Worte und diese in möglichster Deutlichkeit und Formschönheit gehört werden. Lesen und Schreiben dagegen fallen unter VIa unseres Schemas.

IV und V dürften aus dem Voraufgehenden hinreichend verständlich sein. Hier sei nur grundsätzlich gesagt, daß für die Sinnesausbildung die besten bis heute entwickelten Hilfsmittel den besonderen Bedingungen unserer Arbeitswelt angepaßt werden. Das Ideal sind stets solche Arbeitsmittel zum individuellen Fortschreiten, die aus sich selber weiter treiben, Anreize zu neuem selbständigen Lernen bieten.[49]

VIa umfaßt Lesen, Schreiben, Rechnen, Rechtschreibung, Grammatik usf.

VIb enthält alles, was zur »allgemeinen Bildung« gehört, was aus Natur- und Menschenwelt vom heute Lebenden gewußt sein sollte. Dabei dürfte es immer mehr als selbstverständlich gelten, daß wir bestrebt sein müssen, so vielen Kindern aller Völker wie nur möglich die Kenntnis einer fremden Sprache schon in den Volksschulen zu vermitteln. Das wird im heutigen Zeitalter des internationalen Verkehrs und Gedankenaustausches eine unvermeidliche, aber auch eine durchaus zu lösende Aufgabe der europäischen Volksschulen.

49 Vgl. m. »Führungslehre usw.« Kap. 5: Die Pädagogik der Arbeitsmittel.

Innerhalb dieses Leistungswissens sind zu scheiden (auch nach den Formen des Erlernens) der »Mindestlernstoff« von dem Inhalt dessen, was ich das »*Unterrichtsleben*« nenne. Versteht man unter einer »Situation« mit der neueren besonders der Verhaltens-Psychologie die »Gesamtheit der Reizfaktoren, die ein Wesen nötigen, als eine Gesamtheit zu reagieren«, so definiere ich Unterrichtsleben als die »Welt problemhaltiger, Kinder und Jugendliche auf natürliche Weise zum Lernen anreizender Situationen«. In diesem Unterrichtsleben werden die Wege des »natürlichen Lernens«, des freien Bildungserwerbs, soweit und solange wie nur irgend möglich eingehalten, also der Weg, auf dem das Kind vor Beginn der Schulzeit sein reiches Wissen und Können erworben hat. Niemand kann auch nur mit einem Worte bezeichnen, was für innere Bedingungen es sind, die bewirken, daß das Kind eines Tages gehen, sprechen, sinnvoll spielen kann usf. Wir reden von angeborener sprachlicher Spontaneität, von angeborenem Bewegungstrieb und Spieltrieb, von angeborener Fähigkeit zum konstruktiven Bauen u.dgl. Wir sehen, daß sich in jedem Kinde verschieden früh diese Fähigkeiten offenbaren, daß dabei die Entwicklung bei genauem Verfolgen des Entwicklungsvorgangs immer in »Sprüngen« erfolgt. »Auf einmal« kann ein Kind dies oder das. Und genau so zeigt sich der Fortschritt der Kinder auch in allen Schulen, die sie frei leben und lernen lassen. Darum muß der Schulunterricht mindestens der ersten Jahre, ja sehr viel weiter hinauf in die Schulzeit, sich diesem natürlichen Lernvorgang einpassen, unterordnen und nach seinen Gesetzen, soweit sie dem Leben abgelauscht werden können, selber aufgebaut werden.[50]

Alles, was nicht zu jenem Mindestwissen gehört, wird erlernt in einem vielseitigen Unterrichtsleben, das restlos alle in einer

50 Vgl. außer dem Bande: »Die Praxis der Schulen usw.« besonders noch das Kapitel »Das Unterrichtsleben« in: Petersen, Schulleben und Unterricht usw., S. 95–111; und für das Rechnen im 1. Schuljahr Else Müller-Petersens Bericht in: Doris Jaehner, Selbständiges Rechnen usw., S. 73–109.

Gruppe vorhandenen Fertigkeiten und Fähigkeiten in Tätigkeit setzt. Die Stoffwelt wird in den ersten 3 Jahren stärker auch von den Kindern bestimmt, besser gebracht, vom 4.–6. Schuljahr dringen die berechtigten Anforderungen der heutigen Sozialwelt stärker und stärker vor, und das bedeutet Zunahme eines vom Lehrer bzw. vom Lehrkörper thematisierten Unterrichtslebens, nicht nur also des Kursunterrichts. Schlagwortartig gesprochen weisen wir der Mittelgruppe die Heimat- und Vaterlandskunde, der Obergruppe die Welt- und Menschenkunde zu und der Jugendlichengruppe im besonderen Volkstumskunde (Geschichte, Staatslehre, Literatur, Kunst usf.) zur Bildung des Volksbürgers im engeren Sinne.

VIc weist auf das hin, was an erzieherischen Einwirkungen des Unterrichts möglich ist. Der Unterricht als solcher ist mir eine Sozialform, und sein Ziel liegt in der sozialen Welt, somit kann und soll seine unmittelbar erzieherische Aufgabe nur gering sein. Daß damit der Unterricht nichts an Höhe seiner Aufgabe einbüßt, damit nicht aufhört, ein Gegenstand zu sein, der wert ist des Schweißes auch eines Edlen, muß den Fanatikern des »erziehenden Unterrichts« wie einigen Nur-Didaktikern gegenüber betont werden. Das persönliche Wissen, jenes zum Aufbau des Personlebens Gehaltvolle wird ja am stärksten unbeabsichtigt durch das vollgliedliche, tätige *Leben* in einer Erziehungsgemeinschaft mit reichem, vielseitig anregendem Unterrichtsleben übermittelt und gekräftigt. Der Unterricht im engeren Sinne dagegen kann nur in Bruchstücken eines Prozents seiner Gegenständlichkeit, der Lehrstoffe, des Inhalts des sog. »Gedankenkreises« und dabei zumeist zufällig unmittelbar erzieherisch wirken. Mittelbar aber in doppelter Hinsicht: 1. wenn er Arbeitsformen entwickelt, die ein frei sich bildendes, zu gegenseitiger Verantwortlichkeit und Hilfe führendes Gruppenarbeiten und Einzelarbeiten ermöglichen, und 2. durch die stille wie bewußte stetige Auseinandersetzung der Schülerpersönlichkeit mit dem Sozialgebilde »Unterricht« als einem Ganzen, d.h. durch die innere Haltung, zu der ein Schüler durch Unterrichtsleben und -betrieb seiner Schule als eine Ganzheit machtvoller, begrenzender wie befreiender Kräfte genötigt wird. Wir werden also darin erzieherische Nebenwirkungen erblicken, daß der Unterricht echte, wirklichkeitswahre Lebenssituationen herbeiführen kann, welche im individuellen Bildungsvorgang die *Möglichkeit* eines geistigen Aufbaues, eines persönlichen Lebens schaffen.[51]

Bewertung der Leistungen

Noten und Zeugnisse werden nicht erteilt. Damit ist aber nur das Problem verschoben: Wann bedarf das Kind der Bewertung seiner Leistung? Wir sind dieser Frage so nachgegangen und gehen ihr auch ferner so nach, daß wir herauszufinden suchen, wann ein Kind *von sich aus* nach der Bewertung verlangt und danach verlangen muß, weil es eine Sicherheit im eigenen Wachstum und Fortschreiten braucht, einen Maßstab für sich selbst und sein Tun, den es sich nicht selber beschaffen kann oder nicht in sich empfindet.

Eigen- und Fremdbewertung

Dies Verlangen tritt überall dort auf, wo sich in der Schulwelt keine Hilfen zur Selbstbewertung befinden, die einem Kinde verständlich, deutlich, anschaulich, sichtbar, hörbar usw. sind. Wir stellten nie ein frei vom Kinde her aufsteigendes Verlangen nach Fremdbewertung im Schreiben fest; denn das Kind kann seine Schrift mit denen der Kameraden, mit der des Lehrers,

51 Vgl. die einem alten Problem ganz neu und bis in seine letzten Tiefen nachgehende Abhandlung von Heinz Döpp-Vorwald, Erziehender Unterricht und menschliche Existenz, Weimar, 1932.

vor allem mit den gedruckten Musterschriften vergleichen, und es »weiß um« den Wert seiner Schrift auch ohne Zensur. Im Rechnen gibt das Rechenheft den deutlichen Maßstab für den erreichten Stand und für die Richtigkeit der Aufgaben der »Schlüssel«, der in mehreren Stücken für alle Rechenhefte und Algebrabücher zur freien Benutzung der Schüler aufgelegt ist, also kein Lehrergeheimnis bildet, sondern ein wertvolles Hilfsmittel für die Schüler. Dagegen bedarf das Kind der Fremdbewertung für seine Fähigkeit im Kopfrechnen, Einmaleins, kurz in allem Mechanisch-Gedächtnismäßigen, für dessen Übung häufig die Uhr, Spiele und sportmäßiges Üben verwandt werden. In allem Technisch-Künstlerischen genügt die gemeinsame Kontrolle, d.h. alle »Werke« werden ausgestellt und von den Schülern gegenseitig, aber auch von den Lehrern, Eltern, Besuchern gelegentlich, still, seltener planvoll bewertet. Sie bilden bereits, aufgereiht auf den Borten, eine sehr beredte Bewertung der individuellen Leistungen, auch ohne besondere Zensierung, auch ohne viele Worte. Dazu kommt das stets vor den Augen der Kinder befindliche Werk älterer, befähigterer Mitschüler und der Sonderbegabten, und von besonderen Anlässen zur Selbstprüfung weise ich wieder auf die halbjährlichen Gruppenausstellungen hin. Im *Lesen* wird die Bewertung durch den Lehrer bis ins vierte Schuljahr hinein immer wieder verlangt, und das ist auch psychologisch völlig berechtigt; denn es ist den Kindern dieses Alters weder allein noch in einer Gruppenbesprechung möglich, Lesen »gerecht« zu beurteilen. Gelegentliche Erfolge der Gruppenbeurteilung zeigten zuletzt immer von neuem zuviel Einfluß des Lehrerurteils oder eine Gruppenbewertung, die sich als massenpsychologisch, in letzter Quelle als doch vom Lehrer abhängig erwies. Im Lesen kommt auch vom Kinde selbst am häufigsten die Frage: »War es heute besser?« als spontane, innerlich notwendige Frage. Es ist ja klar, daß Kinder jener Jahre nicht den Anteil des Rhythmischen, des Ausdrucksvollen, geschweige denn die bisweilen doch unausbleibliche kleine kindliche Tragik in den Ursachen, die zu einem Versagen führten, weder das »zu schwer« oder »zu leicht« des gewählten Lesestoffes in seiner rechten Beziehung auf den lesenden Kameraden beurteilen können. Erst in den älteren Jahrgängen genügt die stille Eigen- und Gruppenkritik auch für das Lesen. Ähnlich liegt es auf anderen Gebieten.

Gefahr der Zensur

Die Gefahr der Zensur durch den Lehrer kann als nicht groß genug bezeichnet werden. Sofort befördert sie die Einstellung des Lernens auf den Lehrer und verdirbt die eigene Arbeitslinie des Kindes und verstört das eigene sittliche Urteil, die Sicherheit der eigenen Stimme im Kinde. Verschiedene Erlebnisse lehrten das in der krassesten Form.

Objektiver und subjektiver Bericht

Am Schlusse jedes Jahres wird eine *Charakteristik* eines jeden Kindes angefertigt. Ich unterscheide dabei zwischen dem objektiven und dem subjektiven Bericht. Für die objektive Charakteristik tragen alle Lehrer, die mit dem Kinde zu tun hatten, ihre Beobachtungen und Urteile über das Kind ein und stellen sie den Eltern zur Einsicht, zur kritischen Stellungnahme und zur schriftlichen Gegenäußerung frei. Den Eltern wird eingeschärft, zu bedenken, daß alles, was dort niedergelegt sei, für sie und *nicht* für ihre Kinder bestimmt sei. Der objektive Bericht soll dazu dienen, die Eigenart des Kindes, seine Begabungen, seine guten und schlechten Neigungen so vielseitig wie nur möglich im rechten Lichte erkennen zu lassen, damit die beste gemeinsame Erziehungsarbeit an ihm daheim und in der Schule in gleicher Front und nach gleichen Grundsätzen einsetzen kann.

Auf der Grundlage des objektiven verfaßt jeder Gruppenführer den subjektiven Bericht, dazu bestimmt, dem *Kinde* in die Hand gegeben und von jedermann gelesen zu werden, dem Eltern und Kinder ihn geben wollen. Es bildet die Aufgabe des Lehrers, nur das dem Schüler zu sagen, was nach seiner besten Überzeugung für dieses Kind das Beste ist, was die reinste erzieherische Wirkung auszuüben imstande sein mag. So muß manches verschwiegen, anderes milder oder stärker gesagt werden als im objektiven Berichte. Übrigens wissen wohl die meisten Schüler um die objektiven Berichte, ohne daß die Eltern ihnen – von uns gebeten und belehrt – daraus erzählen sollen. Sie wissen ja auch, daß mündlich viel zwischen Eltern und Lehrer über sie gesprochen wird, ohne daß es das Vertrauensverhältnis zerstörte.

Die erste Charakteristik wird am Ende des 3. Schuljahres ausgestellt; auch das dient mit dazu, in den so entscheidungsvollen ersten Schuljahren eine ruhige Entwicklung des Kindes zu gewährleisten.

Die seelsorgerliche Aufgabe des neuen Erziehers

Sobald die rechte Einstellung der Elternschaft für dieses Vorgehen gewonnen war, begann es sich sehr zu bewähren. Immer mehr Eltern liefern uns ausgezeichnete Gegenberichte oder kommen zu vertraulichen Aussprachen, von denen das Schulleben ebensoviel erfreuliche Förderung erfährt wie die betreffenden Kinder selber. Es liegt aber auf der Hand, daß mit diesen Berichten nur Erfolg erzielt werden kann, wenn zuerst die *Lehrer* sich voll und ganz das Vertrauen der Eltern erworben und es sich auch erst verdient haben. An dieser Stelle zeigt es sich nun, wie der Erzieher in Schulen dieser neuen Gesinnung feinste seelsorgerliche Aufgaben zu lösen hat. Zugleich kann bereits daran ermessen werden, zu welcher hohen geistigen Führerrolle ein Lehrerstand in einem Volke berufen ist, der im engsten Vertrauensverhältnis mit der Elternschaft seiner Schüler lebt und jene Alltagsarbeit leistet. Wie erfolgreich und wie voll Segen für die Jugend, aber nicht minder für die Erzieher selbst, wird damit der Lehrerberuf, und wie nah kommt er dann dem, was die größten Erzieher aller Zeiten an ihm gepriesen haben!

VI. Zur Entstehungsgeschichte des Jena-Plans

Der Name »Jena-Plan« wurde geprägt von Mitgliedern des Londoner Komitees zur Vorbereitung der IV. Tagung der »New Education Fellowship« in Locarno 1927, auf der ich über meinen Jenaer Versuch sprechen sollte, und daraus entstand als einführende Schrift für die Teilnehmer dieser Tagung: »Der kleine Jena-Plan«, 1. Aufl. 1927, 41 S.

Seine letzten Quellen liegen in der großen Schulreformbewegung des ausgehenden 19. Jahrhunderts und beginnenden 20. Jahrhunderts, im besonderen natürlich in deren norddeutschen Strömungen. Es ist bekannt, daß wir es mit einer gesamteuropäischen, ja einer Weltbewegung zu tun haben, die überall auf eine andere Schule geht, als sie uns vom 19. Jahrhundert überliefert worden ist.[52]

In Deutschland waren es vier Tatsachen, an denen man den Gang und die ersten Richtungen dieser Schulreform erkennen kann:

1. die Kunsterziehungstage von 1901, 1903 und 1905, auf denen die Fragen des Unterrichts in Zeichnen, Kunst, deutscher Literatur, sowie in Musik und Turnen (Gymnastik, musische Erziehung) allseitig erörtert wurden;

52 Petersen, Die Neueuropäische Erziehungsbewegung, 1926.

2. die Arbeitsschulbewegung: Versuchsklassen in Leipzig, Augsburg, München, Dortmund, Essen, Berlin; am bekanntesten sind die Beiträge Georg Kerschensteiners und Hugo Gaudigs geworden;
3. von W. Lay und Ernst Meumann geleitet und entwickelt der Einbruch der Experimentalpsychologie in die Pädagogik, die Entwicklung einer »Experimentellen Didaktik«, einer »Experimentellen Pädagogik«;
4. die von Herm. Lietz 1898 eingeleitete Landerziehungsheim-Bewegung.

Mein Eintritt in die Schulreform-Bewegung begann 1911 in einem Zeitpunkte, wo alle diese Richtungen noch auf der Höhe standen, wo von ihnen noch Großes erhofft wurde. Verkündete doch z.B. Ernst Meumann, wenn erst die experimentelle Psychologie alle Schul- und Unterrichtsfragen untersucht habe, dann werde die Pädagogik da sein, begründet sein, und er glaubte, dieses Ziel schon fast erreicht zu sehen. Er bildete in Hamburg 1913 über ein Dutzend von ihm selber in letzter Instanz geleitete Arbeitsgruppen, die die letzten ihm noch fehlenden Bezirke des Volksschulunterrichts bearbeiten sollten, vor allem ging es um Gebiete der Volksschuloberstufe und des fremdsprachlichen Unterrichts. Also in etwa 5–6 Jahren werde diese Grundlegung erfolgt sein, dann …

Die Jahre 1909–1923 sahen mich in Hamburg in allen diesen Fragen mittätig. Schulpraxis und wissenschaftliche Forschung gingen eng Hand in Hand. Ich war Studienrat an dem ältesten Hamburger Gymnasium, der Gelehrtenschule des Johanneums, und daneben 1918/19 aushilfsweise Lehrer der Pädagogik und Psychologie an einem Lehrerinnenseminar, schließlich 1920–1923 Leiter und Lehrer an der ersten deutschen höheren Schule, die als staatlich anerkannte Versuchsschule eine »deutsche Kulturschule« oder »deutsches Gymnasium« schaffen sollte, an der Lichtwarkschule in Hamburg-Winterhude, überall war die beste Gelegenheit gegeben, jugendkundlich mitzuarbeiten und Ergebnisse zu überprüfen.

Vom Jahre 1913 an leitete ich eine der von Meumann begründeten Arbeitsgruppen seines »Instituts für Jugendkunde«, und zwar die über den Religionsunterricht, ferner die Testuntersuchungen bei der Aufnahme und Auswahl der Schülerinnen, die sich für das Lehrerinnenseminar meldeten, arbeitete mit an der Gewinnung von Tests und psychologischen Fragebogen für die Auswahl der ab 1919 für die unterste Klasse der Hamburger Höheren Schulen angemeldeten Volksschüler, stellte für die Lichtwarkschule diese Tests selber zusammen und führte sie aus. Danach hielt ich in Altona mit praktischen Übungen verbundene Vorlesungen über Psychologie für Berufsschullehrer in den Jahren 1921–1923 und schrieb den Jahresbericht über die psychologische Literatur Deutschlands für die »Zeitschrift für Philosophie und philosophische Kritik« ab 1914 bis zu deren Eingehen 1919.

Die Schularbeit gab ebenfalls Gelegenheit genug, methodische Versuche durchzuführen, wenn sie auch eben zu sehr auf die eigene Klasse und damit auf zu wenige Stunden eingeschränkt bleiben mußten. Aber die Stellung als Schriftführer der beiden größten deutschen pädagogischen Verbände, des »Deutschen Bundes für Erziehung und Unterricht« (gegr. 1908) und des »Deutschen Ausschusses für Erziehung und Unterricht« (gegr. 1915) brachte mich in unmittelbare Verbindung mit allen führenden Persönlichkeiten im Felde der deutschen Schulreform, mit ihren Versuchen, Erfahrungen und Hoffnungen. Alles zusammen öffnete den Blick für die Einlagerung der Schulfragen in das Gesamte einer Volkskultur, in den »politischen« Charakter der Schulwirklichkeit. Und es ist aus diesem Mitleben in der Reformbewegung selber, aus der Erwägung und Besinnung auf die darin aufgewirbelten Fragezusammenhänge, daß schließlich im WS. 1920/21 der heute I. Band der »Allgemeinen Erziehungswissenschaft« entworfen wurde, um eine selbständige

Wissenschaft von der Erziehung zu entwickeln, die aller Pädagogik, Didaktik und Methodik vorauszugehen habe. Sie wurde dann im SS. 1921 zuerst an der Hamburger Universität gelesen, an der ich mich im Mai 1920 habilitiert hatte, und dort SS. 1923 wiederholt, um 1924 gedruckt zu erscheinen. Wie aber war es zu dieser Entscheidung für eine neue Wissenschaft gekommen?

Die fast zehnjährigen Erfahrungen aus erster Hand hatten mich so eindringlich wie nur möglich gelehrt, daß die neue Schule, um die seit nahezu 50 Jahren so heftig gekämpft wurde, niemals auf dem Wege über eine Änderung der Unterrichtsmethoden kommen werde, aber ebensowenig von irgendwelchen Hilfs- oder Grundwissenschaften der Pädagogik, im besonderen nicht von der Soziologie oder Psychologie. Als Lehrer, der in der alltäglichen Praxis stand, daneben sich diesen Wissenschaften ernsthaft widmete und praktisch auch in ihnen mitarbeitete und der nun versuchte, sie beide, Praxis und Wissenschaft, zusammenzubringen, erlebte ich immer wieder dasselbe: Es kam ganz wenig dabei heraus! In der Regel waren mühevolle Umwege gemacht worden, um ein Ergebnis zum Gebrauch für den Unterricht zu gewinnen, das der Lehrer bei gründlicher Analyse der Unterrichtswirklichkeit selber auch hätte finden können. Dort allerdings, wo sich pathologische Seiten des Seelischen auftaten, wo das Abnorme begann, konnte die Psychologie Feststellungen treffen, nach denen der Pädagoge wertvolle Arbeit leisten konnte. Freilich habe ich später einsehen müssen, daß auch hier intuitive Begabung, verbunden mit einer von starker Liebe zum schwachen Kinde getragenen Hingabefähigkeit, sehr weitgehend die psychologischen Untersuchungen einschränkt.

Mir war klar geworden, daß es um etwas ganz anderes gehe, nämlich darum: Aus der Schule als Ganzem etwas Neues zu machen, d.h. das ganze Schulleben von Grund auf, radikal, zu ändern. Und dann gelte es, dort hinein den Unterricht setzen und sorgfältig prüfen und erproben, wie sich dieser ändern werde, wenn man gezwungen sei, immer jenes neue Schulleben zu erhalten, die neue Schulgesinnung zu bewahren, also kurz gesagt: Den Unterricht der Erziehung zu unterwerfen, zuerst Erzieher und dann erst Lehrer zu sein!

Ferner hatte ich eingesehen, daß dieser Versuch mitten im öffentlichen Leben gemacht werden müsse, nicht in Internaten, nicht in abgelegenen Landerziehungsheimen unter sog. günstigen Bedingungen, in Wahrheit aber unter Ausnahmebedingungen. Der Versuch solle nur dann als gelungen gelten, wenn die Leistungen, die Aufgaben, die ein Volk jeder Schule heute nun einmal stellen muß, auch von dieser neuen Schule erfüllt werden würden. So war es an der Lichtwarkschule in Hamburg gewesen, so stellte ich mir selbst die Bedingungen an der Jenaer Universitätsschule, als ich dort Ostern 1924 mit meinem Versuche begann, bis er dann zunehmend zahlreicher ab 1929 auch außerhalb Jenas in Staatsschulen aller Art mitausprobiert werden konnte. Über diese Versuche ist in einer Reihe von Schriften berichtet worden, auf fast 1300 Druckseiten, außerdem liegt nunmehr auch die dazugehörende »Pädagogik des Unterrichts« vor (1937) sowie die beiden ersten Bände der »Allgemeinen Erziehungswissenschaft« und in einer Programmschrift sowie in mehreren Studien meiner Schüler die Anfänge einer neuen Hilfswissenschaft der »Pädagogischen Charakterologie«.

Soll nun kurz gesagt werden, welches diese wichtigsten Wandlungen auf dem Wege zur »Neuen Schule« seien, so will ich auf Folgendes hinweisen:

I. Engste Verbindung zwischen Elternhaus und Schule; die Schule muß vollen Ernst damit machen, Familienschule zu sein, der Lehrer sieht sich an erster Stelle in deren Dienst, und über diesen Dienst an der Familie leistet er dann seinem Volke und Staate den größten politischen Dienst.

II. Zucht und Disziplin sind anders anzugreifen; das Verhältnis von Lehrer und Schüler, von Schüler zu Schüler ist auf rein menschliche und auf vornehmere Grundlagen zu stellen. Das soziale Leben der Schüler wird in den Schulräumen und während der Arbeit in bestimmter neuer gebundener Form freigegeben, nämlich so, daß dem Guten im Menschenkinde volles Vertrauen geschenkt wird. Das geschieht erstens aus der Erkenntnis heraus, daß ein durch Strafen, durch Furcht und Zwang erzieltes gutes Verhalten ohne Wert für das einzelne Menschenkind in seinem persönlichen Leben und ebenso für die größeren Gemeinschaften ist. Sodann aus der Einsicht heraus, daß kein Mensch dort gutes Leben und gutes Verhalten schaffen kann, wo es nicht schon in den Menschen des betreffenden Kreises vorhanden ist. Ebensowenig kann ein Lehrer Verständnis für Musik und musikalisches Können dort erreichen, wo in einem Schüler keinerlei Musikalisches angelegt ist.

Es galt also, in das Schulleben »Vor-Ordnungen« (nicht Verordnungen) hineinzustellen als oberste Richtlinien für das Zusammenleben und darunter vor allem das »Gesetz der Gruppe«, welches lautet: »Im Raume darf nur geschehen, was alle gemeinsam wollen und was das Zusammenleben und die Schularbeit in Ordnung, Sitte und Schönheit allen in diesem Raume gewährleistet.« Für die Durchführung haften alle gleicherweise: Schüler wie Lehrer; jeder hat das Recht, jeden zu mahnen und gegebenenfalls vor allen zur Rechenschaft zu ziehen. Einer *dient* dem anderen, jeder ist des anderen wahrer, ehrlicher Kamerad. Wer das ganz ernst und selbstverständlich zu nehmen vermag, der wird seine Schule zu einer Erziehungsschule, zu einer Charakterschule, zu einer Schule im Dienste der Bildung zur sittlichen oder sittlich-religiösen Persönlichkeit machen, ganz einerlei, wie diese großen Zielworte lauten. Die *Gesinnung*, die hier gefordert wird, ist es ganz allein, die allerorten in der Welt ein wahres sittliches Zusammenleben in Treue, Hingebung, Mitleid, Eintreten für einander, Dienstbereitschaft, Güte usf. ermöglicht, also entsprechend die Menschenkinder beeinflußt, sich so zu geben, in dieser Gesinnung sich zu festigen. Und – nur in dieser pädagogischen Haltung kann aus einem Lehrer ein Erzieher im vollen Sinne dieses schönen Wortes werden.

III. Der Lehrer muß nun auch ganz anders hinein mitten unter die Arbeit *der Kinder.* Während der Lehrer in der Lernschule oder Lehrerschule schlechthin immer der Träger des Unterrichts ist, so wird sich in der Neuen Schule *dieser* Teil seiner Aufgaben sehr vermindern, d.h. die Form des Lehrgangs, oder wie ich sage, des »Aufgabelernens«, d.i. daß die Schüler Aufgetragenes tun und vom Lehrer Entwickeltes oder Gesagtes nachtun u.dgl. mehr. Wichtiger als dies ist, die Schüler müssen auch voll Träger der Schularbeit werden, und der Lehrer muß es nun lernen, diese arbeitenden Schüler zu leiten. Darum wurde uns in Jena das Kernproblem des Unterrichts: Wie leitet, führt, steuert ein Lehrer die Schülerarbeit? Und so entstand schließlich die »Führungslehre, d.i. Pädagogik des Unterrichts«. Es kann hier nur gesagt werden, daß wir in diesen Versuchen fortkamen von der *Vorherrschaft,* dem Primat der »Fächer«, der »Stunden« und »Lektionen«, fort von dem alten Stundenplan und Lehrplan usf. (s.d. »Führungslehre«).

IV. Allein, damit die Forderungen unter II und III überhaupt erfüllt werden konnten, war es nötig, *vorher* zu untersuchen, wie denn die Schüler innerhalb der Schule gruppiert werden sollen. Das bedeutete, der überlieferten »Klasse« den Kampf ansagen. Dies geschah bereits an der Lichtwarkschule dadurch, daß wir beschlossen, aus der untersten Klasse, der Quinta, nach dem ersten Schuljahre damals, in die nächste Klasse versetzte Schüler drei Jahre lang nicht mehr zurückzusetzen, sondern sie nun als eine Klassengemeinschaft drei Jahre lang zu fördern und sie sich ineinander einleben zu lassen. An der Jenaer Universitätsschule konnte ich im Rahmen einer Volksschule noch freier vorgehen und untersuchen, welche Schüler denn überhaupt am besten zusammenpassen, wie sich Schüler vergesellschaften usf. Daraus entstand dann die Forderung, in der zehnjährigen Volksschule keine Jahresklassen, sondern vier »Gruppen« zu bilden, und zwar so, daß in der Untergruppe das 1.–3. Schuljahr, in der Mittelgruppe das 5.–6. Schuljahr, in der Obergruppe das (6.)–8., in der Jugendlichengruppe das (8.)–10. Schuljahr vereint sind, und von allen Versetzungen im alten Sinne abzusehen. Diese Gruppen leben in ihren »Schulwohnstuben« zusammen, und alle Gruppen zusammen bilden mit ihren Eltern die »Schulgemeinde«. In einer solchen lebenswahren Schulgemeinde haben sämtliche natürlichen Bildungsformen, wie sie im Leben der Menschheit entwickelt sind, wieder Eingang gefunden: Spiel, Unterhaltung, Arbeit und Feier, so daß in solcher Schule die besten Bedingungen für eine sich selber erziehende Lebensgemeinschaft gegeben sein dürften.

V. Es ist auch früh möglich geworden, diese neue Unterrichts- und Schulwelt in sich selber zu erfassen, zu beschreiben und wissenschaftlich zu ordnen. Wir nennen dies seit 20 Jahren *»pädagogische Tatsachenforschung«*. So erschienen Arbeiten schon 1935: Ilse Opitz »Schulneulinge in der Kreissituation des Jena-Planes« und Zora Puljewitsch »Das Verhalten der Schulneulinge in den pädagogischen Situationen des Gruppenunterrichts und des freien Arbeitens«, 1936 von Willy Schneider »Unterrichtsführung im gruppenunterrichtlichen Verfahren der Obergruppe«. Außerdem enthalten die Berichtbände der Jahre 1930–1934 eine Anzahl von Beiträgen, die diese »Führung im Unterricht« auf Grund von genauen protokollarischen Aufzeichnungen beschreiben und das normentsprechende Verhalten darstellen, desgleichen natürlich die »Führungslehre« selber.

Außerdem erschienen:

»Das brauchbare Hilfsschulkind – ein Normalkind« von Frieda Buchholz, Böhlau, Weimar 1939, »Gegenseitige Hilfe im Unterrichtsleben einer Untergruppe« von Leni Wieschke-Maaß, Beltz, Langensalza 1940, »Kindergartenkinder unter Volksschülern während des Schultages« von Soniamaria Mentz; »Die pädagogischen Aufgaben des Kindergartens am schulpflichtigen, aber schulunreifen Einkinde« von Irene Knoch, »Kindergartenkinder als Schulanfänger« von Gertrud Stricker, »Faule Kinder im Kindergarten« von Irene Knoch, Böhlau, Weimar 1940; »Vom Kleinkind zum Schulkind« von Erna Junge, Aderhold, Weida, Thür., 1943.

Im Manuskript druckfertig:

Peter Petersen und Else Müller-Petersen, Die pädagogische Tatsachenforschung. Geschichte – Methoden – Ergebnisse.

Anhang: Inhaltsübersicht der Hauptwerke zum Jena-Plan

A. Darstellung und Auswertung des Jenaer Schulversuchs von 1924 bis 1934

Petersen/Wolff: **Eine Grundschule nach den Grundsätzen der Lebensgemeinschaftsschule.** 1925. VIII und 146 Seiten.

I. Teil: Einführende Mitteilungen und Betrachtungen.
Die Geschichte der Jenaer Universitäts-Übungsschule / Ausbau der Übungsschule in der neuen Form / Zweck dieses ersten Versuches / Der Sinn des Schulraumes / Die Pause / Die Stofffrage / Das unterrichtliche Ziel der ersten 3 bis 4 Schuljahre / Lehrerwissen / Vorteile der neuen Ordnung. Von *Peter Petersen* / Das Stoffproblem: Schrift, Schreiben, Rechtschreibung, Lesen, Gedichte, Singen / Stundentafel und Unterrichtsformen / Hausaufgaben / Zensuren und Zeugnisse / Charakterologisches / Die Eltern in unserer Schule / Rückblick. Von *Hans Wolff.*

II. Teil: Jahresbericht 1924/25 der Schule der »Erziehungswissenschaftlichen Anstalt der Thüringischen Landesuniversität« zu Jena.
1. Woche: Eingewöhnung in die Gemeinschaft, in den Raum und die Arbeitsmittel / 2. Woche: Das Leben in der zeitlichen und örtlichen Ordnung / 3. Woche: Herausbildung eines Arbeitsrhythmus / 4.–13. Woche (19.5. bis 30.8.1924) / In den Saalehäusern (1.9. bis 6.9.) / 15.–21. Woche (8.9. bis 8.11.1924) / Rück- und Vorblick: Winter-Stundenplan /

22.–27. Woche (10.11. bis 20.12.1924) / Die Vorweihnachtszeit / 27.–38. Woche (5.1. bis 28.3.1925).

Petersen: **Jena-Plan I.** Schulleben und Unterricht einer freien allgemeinen Volksschule nach den Grundsätzen Neuer Erziehung. 1930. Mit 2 Bildbeilagen. XVI und 204 Seiten.

Grundsätzliche Vorbemerkungen.

I. Geschichte und Aufbau des Versuchs. Erziehungsziel.

II. Die Vergesellschaftung der kindlichen Arbeit und ihre Bedeutung für die Schularbeit.

1. Das Problem / 2. Der kindliche Arbeiter / 3. Das Kind und die wirtschaftliche Arbeit / 4. Der Betätigungsdrang der Kinder / 5. Die Vergesellschaftung der Schulkinder / 6. Gruppenbildung innerhalb der Stammgruppe / 7. Vergesellschaftung bedingt durch die Schule als eine öffentliche Zwangseinrichtung / 8. Bedeutung für die Organisation der Schularbeit / 9. Freies Arbeiten / 10. Arbeitstempo / 11. Kinder allein / 12. Die großen Gegner. A. Zur Pädagogie frei vergesellschafteter Kinder: Die Reihe, der Haufen, die freie Arbeitsgruppe, die stete freie Untergruppe, die befohlene, angeordnete Gruppe, die Clique, die Bande, die Masse, der Kreis; B. Die Kunst, nicht selber zukünftige Unruhe oder Unordnung zu verursachen; C. Grundregeln der Kunst, frei sich bewegende und arbeitende und sich frei fühlende Kinder zu führen.

III. Wie sich die Kinder in die neue Ordnung hineinfinden.

IV. Wie wir feiern.

V. Gegenseitige Hilfe in der Entwicklung.

VI. Pädagogische Rückschau.

VII. Das Unterrichtsleben.

VIII. Der Gesamtunterricht in der Universitätsschule.

IX. Eine Zusammenfassung: Planlegung und Innengliederung der Unterrichtswelt. Anhang: Übersicht über die Arbeitsformen.

X. Arbeitspläne unserer Gruppen. Von *Arno Förtsch.*

XI. Geschichte in der Obergruppe.

XII. Ein Versuch mit dem Gesamtunterricht der Obergruppe der Universitätsschule. 1925/26. Von Dr. *Robert Reigbert.*

XIII. Rechnen und Mathematik. Von Dr. *Else Müller-Petersen.*

XIV. Grundzüge der Schulordnung und des Schullebens.

Petersen/Förtsch: **Jena-Plan II.** Das Gestaltende Schaffen im Schulversuch der Jenaer Universitätsschule. 1925–1930. 1930. Mit 11 Bildtafeln. VI und 116 Seiten.

XV. Werkliches Gestalten in der Volksschule. Von *Arno Förtsch.*

I. Unsere grundsätzliche Einstellung / II. Wie vermitteln wir den Kindern die schuleigenen Techniken? / 1. In der »Untergruppe« / 2. In der »Mittelgruppe« / a) »Werkgrammatik« / b) Grundsätzliches zur Holzarbeit / c) Zusammenfassung / 3. In der »Obergruppe« / III. Wie verwenden die Kinder die Techniken? / 1. Im naturwissenschaftlichen Unterricht / 2. In der »freien Werkarbeit« / 3. Bei Festen und Feiern / a) Weihnachten / b) Ostern / c) Geburtstagsfeiern / 4. Beim Wochenschluß / IV. Bildungswerte des werklichen Gestaltens / 1. Die erziehlichen Werte der Werkarbeit / 2. Die unterrichtlichen Werte der Werkarbeit / V. Arbeitsimpulse des werklichen Gestaltens / VI. Arbeitsrhythmus des werklichen Gestaltens / VII. Ausstellungen von Schülerarbeiten / VIII. Der Werklehrer / IX. Unsere Werkräume / 1. Ihre Lage im Schulgebäude / 2. Ihre Einrichtung / 3. Voraussetzungen zur freien Arbeitshaltung im Werkraum / X. Firmen für Materialbeschaffung / A. Stoffkreis Papier / B. Stoffkreis Holz / C. Klebstoff / D. Werkzeuge / XI. Schlußbetrachtung.

XVI. Die Rhythmik in der Universitätsschule. Von *Charlotte Blensdorf.*

XVII. Plastisches Gestalten. Von *Marta Bergemann-Könitzer.*

XVIII. Graphologie und Physiognomik im Dienste der Erfassung der werdenden Persönlichkeit. Von Dr. *Robert Reigbert.*

XIX. Unsere objektiven und subjektiven Berichte. Von *Arno Förtsch.* Nachtrag von Dr. *Peter Petersen.*

XX. Jena-Plan und künftiger Neubau des Schulwesens. Von Dr. *Peter Petersen.*

Petersen: **Jena-Plan III.** Die Praxis der Schulen nach dem Jena-Plan. 1934. Mit 26 Abbildungen auf Tafeln sowie mehrfarbigen Tabellen auf einer weiteren Tafelbeilage und 11 Übersichten. VII und 368 Seiten.

Einleitung. Pädagogische Grundfragen des Jena-Plans. Von *Peter Petersen.*

1. Volkstheoretische Grundlegung / 2. Ehrfurcht vor dem Leben; Pflege der lebenden Kultur / 3. Gruppensystem / 4. Das Gruppenleben: Seine Ordnung und seine Autoritäten / 5. Wandel des Unterrichts in seiner sozialen und individuellen Wirkung / 6. Die Konstanten einer Schülerindividualität / 7. Daraus folgende pädagogische Aufgaben / 8. Stufenbau der Stammgruppen / 9. Die Führerfrage / 10. Der pädagogische Realismus

A. Aus Leben und Arbeit der Universitätsschule Jena 1930–1934

I. Das erste Schuljahr im Schul- und Unterrichtsleben der Untergruppe 1930–1933. Von *Käthe Homack.*

II. Einführung in das Material der Untergruppe. Von *Käthe Homack.*

III. Führung im Rechenunterricht. Von *Else Müller-Petersen.*

IV. Das gruppenunterrichtliche Verfahren.
a) Der Gruppenunterricht in den einzelnen Stammgruppen. Übersicht. Von *Hildegard Borkenhagen* / b) Die Stufen des Gruppenunterrichts. Von *Peter Petersen* / Die Übersichten über die Jahresgruppenarbeit 1925–1934: Was haben die Schüler »gehabt«? / 1. Die Bestimmung der Aufgabe. Oberste Grundsätze zur Sichtung und Ordnung. Wie beginnt man das erstemal? Die entscheidende Bedeutung dieser ersten Stufe / 2. Die Quellen; die Arbeitsmittel. Wer beschafft sie? Die Einführung der Quellen und Arbeitsmittel / 3. Die Ausarbeitung. Drei typische Arbeitsabläufe bis zum »Arbeitsheft«. Die führende Tätigkeit des Lehrers auf dieser Stufe / 4. Die Darbietung: Vorbereitung, Helferdienst, Bericht, Besprechung und Auswertung / 5. Die Zusammenfassung, Wiederholen, Einprägen, Mindestlernstoffe / Fünf Vorteile eines richtig geführten Gruppenunterrichts / c) Gruppenarbeit der Obergruppe 1. April 1930 bis 31. Januar 1931. Von *Hildegard Borkenhagen* / d) Die Leistung der Gruppenarbeit in wöchentlich drei Arbeitszeiten der Obergruppe 1933/34. Von *Hildegard Borkenhagen.*

V. Die Kurse der Universitätsschule; schematische Übersicht mit Proben nach dem Stande Anfang Juni 1933. Von *Arno Förtsch.*

VI. Der Kreis (Stand Anfang Juli 1933). Von *Ruth Gericke.*

VII. Feiern und Feste an der Universitätsschule. Von *Hanna Apelt-Döpp-Vorwald.*

VIII. Schumann und Mozart in der Volksschule. Ein Musikkurs als gebotene Feierstunde. Von *Else Müller-Petersen.*

IX. Dienst an der religiösen Erziehung in der Schule. Einordnung der religiösen Wirklichkeit in die Arbeitswelt der Schüler. Von *Peter Petersen.*

B. Der Jena-Plan in Schulen außerhalb Jenas

I. Umstellung einer 5. Klasse auf den Jena-Plan in einer mehrklassigen städtischen Schule im Schuljahr 1929/30. Von *Ruth Gericke.*

II. Versuch im Sinne des Jena-Plans mit 35 Knaben des 2. Schuljahres an der 17klassigen Volksschule in Zielenzig-Neumark Juli 1930 bis Juli 1931. Von *Erich Thomaschewski.*

III. Hilfsschule und Jena-Plan. Versuch nach den Grundsätzen des Jena-Plans mit 20 Kindern der einklassigen Hilfsschule in Zielenzig-Neumark. Oktober 1931 bis April 1932. Von *Erich Thomaschewski.*

IV. Bericht über die Arbeit in Altküstrinchen. Von *Fritz Zinke.*

V. a) Versuch auf der Oberstufe der Evangelischen Mädchen-Volksschule in Wittenberge 1930–1933. Von *W. Gerich* / b) Vier Jahre Grundschule in Anlehnung an den Jena-Plan in der Evangelischen Mädchen-Volksschule in Wittenberge. Von *Willi Wernicke.*

VI. Schulleben und Arbeit der Gemeindeschule IV in Finsterwalde (N.-L.) Michaelis 1930 bis Ostern 1933. a) Gesamtplanung einer Schule nach dem Jena-Plan. Rückblick und Ergebnis. Von *Fritz Behrendt* / b) Wie die U 3 gebildet wurde. Das erste Vierteljahr in einer neugebildeten Untergruppe. (Bericht über Unterrichtsarbeit und Umschulung der Untergruppe 3 in Finsterwalde von den Herbst- bis zu den Weihnachtsferien 1930.) Von *Alfred Nauck* / c) Typische Arbeitsverläufe in der Untergruppe. Von *Emmi Neumann-Peichert* / d) Gruppenarbeit in einer Mittelgruppe. Von *Herbert Illig* / e) Arbeitseinheit »Asien« in der Obergruppe. W.-S. 1932/33. Von *Fritz Behrendt* / f) Arbeitsrückschau – Schulausstellung. Von *Lothar Elsner* / g) Organisation der Kurse. Von *Fritz Peichert* / h) Der Kreis. Von *Emmi Neumann-Reichert* / i) Feste und Feiern in der Schule. Von *Fritz Behrendt* / k) Unterrichtsbesuche in einer Obergruppe. Von *Fritz Behrendt.*

VII. Bericht über die Arbeit der Jena-Gruppe an der Halleschen Akademieschule 1931–1934. Von *Alfred Sachse.*

VIII. Die Umstellung der Mittelstufe einer dreiklassigen Landschule nach dem Jena-Plan 1933/34. Von *Käthe Homack.*

IX. Jena-Plan-Schulen im Amt Rahden und Landkreise Lübbecke (Westfalen).
a) Die zehnjährige Bezirksschule in Rahden (ehemals Volks- und Mittelschule) / b) Erstes Arbeiten der dreiklassigen Volksschule in Varl nach dem Jena-Plan W.-S. 1933/34. Von *Vahle* / c) Die Umgestaltung des Schullebens in der einklassigen Schule Diekerort 1933/34. Von *W. Schwier* / d) Bericht über die Umstellung der Schule Espelkamp II nach dem Jena-Plan. Von *Hans Pieper.*

B. Erziehungswissenschaftliche Grundlegung

Petersen: Allgemeine Erziehungswissenschaft in 3 Bänden. Band I 1924: Volkstheoretische Grundlegung (entworfen W.-S. 1920/21). VIII und 276 Seiten. W. de Gruyter, Berlin 1924. (Später eingeordnet als I. Teil, schließlich als Band 1 der »Allgemeinen Erziehungswissenschaft«.)

I. Grundbegriffe.

§ 1. Masse, Gesellschaft, Gemeinschaft / § 2. Der Einzelne und das Ich; Individualität und Persönlichkeit / § 3. Natur und Kultur / § 4. Entwicklung und Fortschritt / § 5. Erziehung und Bildung.

II. Die Reiche der Lebensnot.

§ 6. Wirtschaft / A. Das wirtschaftliche Handeln / B. Der wirtschaftliche Mensch / § 7. Staat / § 8. Kirche / § 9. Volk / 1. Der Begriff »Volk« / 2. Was Volk ist / 3. Die Familie / 4. Der Einzelne und sein Volk / 5. Volk und Menschheit / 6. Die Struktur einer Volksgemeinschaft und der Gemeinschaften überhaupt / 7. Die freie Volksschule.

Band II: Der Ursprung der Pädagogik (entworfen S.-S. 1925). VI und 216 Seiten. W. de Gruyter, Berlin 1931. (Untertitel: II. Teil der »Allgemeinen Erziehungswissenschaft«; später als Band 2 bezeichnet.)

§ 1. Erziehungswissenschaft oder Erziehungsphilosophie? / 1. Wissenschaft und Philosophie. / 2. Erziehung als kosmische Funktion / 3. Erziehungswissenschaft und Metaphysik.

I. Die metaphysische Streitfrage der Erziehungswissenschaft.

§ 2. Die Erziehungswirklichkeit / 1. Evidenz / 2. Polarität / 3. Das Sein in der Wirklichkeit und das Sein in der Erziehungswirklichkeit / 4. Die metaphysische Haltung und Deutung / 5. Die Wirklichkeit als Geist und Leben / 6. Wirklichkeiten / § 3. Beziehungen und Gebilde / Das Werten und die Werte / § 4. Individuum und Gemeinschaft / Form und Geist (Bildung und Erziehung) / § 5. Die Grundurteile der Erziehungswissenschaft. / 1. Immer alles / 2. Von Natur gut / 3. Einheit des Menschengeschlechts / 4. Für den Einzelmenschen und für jede Menschengemeinschaft ist Sinnverwirklichung Vergeistigung / 5. Der Weg dieser Verwirklichung ist Dienst / 6. Vergeistigung und Güte sind eins.

II. Die praktische Streitfrage der Erziehungswissenschaft / Der Ursprung der Pädagogik. § 6. Entwicklung der praktischen Aporie / § 7. Freiheit / § 8. Die erzieherische Haltung / § 9. Autorität / Vom Recht der eigenen Lebenserfahrung und der Überlieferung (Tradition) / § 10. Die Führung (Pädagogie) / § 11. Der Stoff / § 12. Die Grundformen der Führung (Pädagogie) / § 13. Das Bewußtmachen; die Pädagogie des Unterrichts / Der Ursprung der Didaktik / § 14. Disziplin und Autonomie / § 15. Macht und Zwang.

Band III: Der Mensch inmitten der Wirklichkeit der Erziehung*

I. Weltanschauung, Wissenschaft und Erziehung
1. Einleitung / 2. Wissenschaft und Weltanschauung / 3. Leben und Erziehung

II. Fehlformen der Erziehung
1. Die spartanische Erziehung: eine Fehlform politischer Erziehung / 2. Das Erziehungssystem der Jesuiten: eine Fehlform religiös-sittlicher Erziehung / 3. Herders Bild vom Menschen und von der Geschichte der Menschheit: eine Fehlform humanistischer Erziehungslehre / a) Die Lehre vom Menschen / b) Der Einzelne und der Andere / c) Mensch und Geschichte / d) Christologie / e) Ausgang / 4. Die religiös-mystische Überforderung der Selbsterziehung in der Dichtung Rainer Maria Rilkes / 5. Vergleichender Rückblick und Zusammenschau: Grenzen und Gefahren politischer und humanistischer Erziehung und Bildung.

* posthum erschienen unter dem Titel »Der Mensch in der Erziehungswirklichkeit« (beendet am 8. Mai 1950). 258 Seiten. Ir. Setzkorn-Scheifhacken, Mülheim 1954. (Untertitel: Der Mensch in der vieldeutigen Welt; im Vorwort bezeichnet als III. Band der »Allgemeinen Erziehungswissenschaft«.)

III. Gegen-Erziehung

1. Das Böse / a) Metaphysische Lösungen: Böhme, Leibniz, Spinoza, Herder / b) Realistische Betrachtung von der Erziehungswissenschaft aus / α) Das Verfehlen / β) Individualität als Schranke / γ) Verbrechertum / δ) Folgerungen: Das Böse ist keine Rebellion gegen Gott – Es liegt in der Sphäre des Menschseins – Gefahr des Pharisäertums – Sinn der menschlichen Unvollkommenheit – Gefahren der Gleichgültigkeit im Sittlich-Religiösen – Verlangen nach Erlösung / c) Der böse Gesamtwille / α) Die Entstehung von Ballungen böser Willen; Erscheinungs- und Machtform des bösen Gesamtwillens: die Schuld / β) Zwei Motivgruppen, durch die Menschen an das Böse verfallen: Unwissenheit, soziale Unzufriedenheit / γ) Böser Gesamtwille, begründet in Religion oder Weltanschauung, als Folge des Massenwahns / δ) Gotteshaß als neuzeitlicher Massenwahn / ε) Zerfall der Persönlichkeit / ζ) Notwendigkeit der Zähmung der satanischen Mächte / 2. Homo religiosus – homo satanicus / a) Homo religiosus / b) Homo satanicus / 3. Die Satanie in der vieldeutigen Welt als Quelle der Gegenerziehung a) Die sittliche Aporie bei John Locke, Helvetius und Salzmann / b) Die Grenzen der Gesellschaft und des Staates / c) Mandeville's »Bienenfabel« – oder: die menschliche Gesellschaft wie sie leibt und lebt / d) Gesellschaft und Sittlichkeit

IV. Die Ethik der Erziehungswissenschaft

1. Die geschichtliche Lage / 2. Das Reich der sittlichen Tugenden – Die Tugenden der Humanität / 3. Das sittliche Feld: die Tugenden der Vitalität, der Ökonomie und der Solidarität / a) Das Ordnungsgefüge und der Charakter der Tugenden im sittlichen Feld / b) Zusammenfassung

Petersen: Pädagogik der Gegenwart. 2. Aufl. 1937. 194 Seiten. (Neue Auflage i. V.)*

I. Geschichtlicher Teil.
   1. Der Mensch als Polis. – Der Mensch Gottes auf Erden / 2. Der autonome Mensch / a) Humanistische Pädagogik / b) Hofmeistererziehung / c) Staat und Erziehung / 3. Das Eindringen der sozialen Idee in die Pädagogik.

II. Systematischer Teil.
   4. Aufgabe der Pädagogik. Verhältnis zur Erziehungswissenschaft / 5. Der Idealismusstreit in seiner Bedeutung für Pädagogik und Erziehungswissenschaft / 6. Pädagogische Grundhaltungen / a) Rationalismus / b) Idealismus – Humanismus / c) Individualismus / d) Realismus /1. Begriff des Realismus / 2. Martin Luther / 3. Pestalozzi / 4. Dialektische und kritische Pädagogik. Pädagogischer Realismus / 7. Entfaltung der Pädagogik als Wissenschaft / a) Pädagogik als beschreibende und den Willen bestimmende Wissenschaft / b) Philosophie und Pädagogik / c) Pädagogik als selbständige Wissenschaft / 8. Die Verzweigung der Pädagogik / a) Erziehung und Entwicklung / b) Individuum und Gesellschaft / c) Persönlichkeit und Gemeinschaft.

C. Die Führungslehre des Unterrichts

Petersen: Führungslehre des Unterrichts. 1937. 270 Seiten. 2. Aufl. 1950, 6. Aufl. 1959, 10. Auflage 1971, Beltz.

Kap. 1 Die pädagogische Situation / Die Lage des Schulunterrichts als Ausgangsort für eine Pädagogik des Unterrichts / Begriffliche Erläuterung der pädagogischen Situation a) Erziehung: das Pädagogische; b) Situation /

* Der Ursprungstitel lautete »Pädagogik«, 1. Aufl. 1932.

Bestimmung der p.S. Folgerungen: a) die p.S. ist ein Lebenskreis um einen Jugendführer; b) die p.S. ist ein Umkreis besonderer Spannungen aus den drei Wirklichkeiten: Gott, Natur und Menschenwelt; c) die p.S. fordert von allen ihren Gliedern echte Selbsttätigkeit zur Übernahme der Spannungen.

Kap. 2 Die Führung des Unterrichts. 1. Teil. Die Ordnung des Schullebens im Dienste des Unterrichts / Die Führung des Unterrichts – die Führung im Unterricht / Das pädagogische Richtmaß für die Ordnung des Unterrichts, d.i. für Raum, Leben und Arbeit in den Schulen / Der Sinn des Schulraumes. Seine Ausgestaltung und seine Bedeutung für die soziale und sittliche Bildung. Ehrfurcht vor dem Leben / Der Sinn und die rechte Anwendung der pädagogischen Verordnungen: a) Vor-Ordnung ist nicht Verordnung! Schule ist kein Teil einer Rechtsgesellschaft; b) Zucht und Disziplin unter dem »Gesetz der Gruppe«; c) Schule und Gesellschaft; d) Schulleben und Unterricht.

Kap. 3 Die Führung des Unterrichts. 2. Teil: Planlegung des Unterrichts / Vom Unterricht im erziehungswissenschaftlichen Sinne / Grundurteile einer Führungslehre des Unterrichts; A. Alle Pädagogie ist Lebens-Dienst; B. Pädagogie ist Hilfe zur Selbsthilfe; C. Aller Unterricht ist stufig; D. Aller U. ist formal zu überwachen und zu unterstützen; E. Die elementaren Mittel der Führung des Unterrichts: Vorbild; Vortat; das Fragen; das lebendige Wort; F. Die Pädagogie verlangt Offenheit und Antastbarkeit in allem Unterrichten; G. Alle Führung geschieht aus einem wahnfreien Optimismus heraus / Die Pädagogie des Unterrichts als Lebens-Dienst / Von der Planlegung des Unterrichts / Die Überwindung des »Stundenplans« und der »Fächer« / Die Arten und die Ordnung der pädagogischen Situationen im wirklichen

Schulleben: A. Gespräch-Unterhaltung; der »Kreis« und seine Arten; der Block; der Haufe. B. Spiel: Spielraum; Lernspiele; Zweckspiele; Schau-Spiele. C. Arbeit. I. Gruppenarbeit, II. Kurse: Einführungs-, Niveau-, Einschulungs-, Sonder- und Wahlkurse. D. Feier: die vom Lehrer gebotene oder geleitete oder durchformte Feier; die von den Schülern selbständig gestaltete Feier / Wochenarbeitsplan, nicht Stundenplan! Der Jena-Plan als Ausgangsform und Rahmen für die Führungsschule. Mit 3 Plänen / Das Verhältnis von Form und Inhalt pädagogischer Situation. – Die Anwendung pädagogischer Situationen auf die Bildungsstoffe.

Kap. 4 Die Führung im Unterricht. 1. Teil: Die pädagogische Haltung und die situationsgemäße Leitung / Die pädagogische Haltung im Unterricht / Vom »erteilten« Klassenunterricht zum geleiteten »Unterrichtsleben« / Unterricht und Kulturgut / Leistungen als Bildungs- und Erziehungsmittel. – Leistungskultur, nicht Leistungskult!

Kap. 5 Die Führung im Unterricht. 2. Teil: Anweisungen aus der Praxis für die Praxis / Grundsatz der situationsgemäßen Leitung / Begriffe und Bestimmungen zur Führungslehre des Unterrichts im Anschluß an die Praxis des Jena-Plans / Anweisung zur Leitung frei vergesellschafteter Schüler / Führung in einer vom Lehrer durchformten Feier (Feier zur Aufnahme der Schulanfänger nach Ostern) / Von der Führung in Niveaukursen / Führung in Berichtkreisen / Ziel aller Führung im Unterricht.

Kap. 6 Die Pädagogik der Arbeitsmittel.
Zwei Verbindungslinien.

Kap. 7 Die beiden Grundirrtümer der überlieferten Unterrichtslehre / Überschätzung der rationalen Elemente allen Unterrichts / Überschätzung der erziehlichen Möglichkeiten jeden Unterrichts.

Kap. 8 Von der Methodik zur Pädagogik des Unterrichts / Geschichtliches / Zwischenbetrachtung / Von der Erziehung – Haltung oder Gesinnung?

D. Übersetzungen

Neueuropäische Erziehungsbewegung: dänisch 1923 (kürzere Fassung); chinesisch 1929; bulgarisch 1930; kapholländisch 1933.

Schulleben und Unterricht usw. (Jena-Plan I u. II): schwedisch 1931; bulgarisch 1938.

Jena-Plan III: bulgarisch 1938.

Der sog. Kleine Jena-Plan: spanisch 1930; kapholländisch 1933 (verkürzt); polnisch 1934; bulgarisch 1934; schwedisch 1933; serbisch 1938; rumänisch 1939; italienisch 1950; japanisch; französisch 1989.

Pädagogik: spanisch 1934; japanisch 1936.

Der Ursprung der Pädagogik (in Auswahl): telugu und englisch.

»Disziplin und Autonomie in der sittlichen Erziehung« in ›La Nueva Educación Moral‹ por Peter Petersen y Jean Piaget. Madrid 1933.

»Führungslehre des Unterrichts«, 2. Aufl.: italienisch.

E. Zur Philosophie und Pädagogik

1913: Die Philosophie Fr. Ad. Trendelenburgs. Ein Beitrag zur Geschichte des Aristoteles im 19. Jahrhundert, 206 S.

1914: Goethe und Aristoteles, 58 S.

1921: Die Geschichte der aristotelischen Philosophie im protestantischen Deutschland. (Von Luther bis Hegel), 524 S.

1925: Wilhelm Wundt und seine Zeit. Bd. XIII der Sammlung »Frommanns Klassiker der Philosophie«, 306 S.

1929: Die Philosophie in erziehungswissenschaftlicher Beleuchtung, 32 S.
1928: Grundfragen einer pädagogischen Charakterologie, 23 S.
1919: Gemeinschaft und freies Menschentum die Zielforderungen der neuen Schule. Eine Kritik der Begabungsschulen, 46 S. (vergriffen).
1925: Innere Schulreform und Neue Erziehung. Gesammelte Reden und Aufsätze aus den Jahren 1913–1924, 312 S.
1926: Die Neueuropäische Erziehungsbewegung. 137 S.
1925: (zusammen mit Wald. Zimmermann herausgegeben): Die Aufgaben des neuen Berufsschulwesens und die Berufsschulgemeinde im Lichte der Jugendkunde und sozialer Politik, 196 S.
1942: Friedrich Fröbel, Deutschlands größter Erzieher, 60 S.

F. Sammelschriften

1916: Der Aufstieg der Begabten (vergriffen).
1921: Der Kampf um die Schuldauer (für die achtjährige höhere Schule), 110 S.
1940: Kindergarten und Volksschule organisch verbunden, 282 u. XLX S.